为人父母
必修十堂课

周虹　梁敏　轩柯　等 ◎ 著

气象出版社
China Meteorological Press

图书在版编目(CIP)数据

为人父母必修十堂课 / 周虹等著. -- 北京 : 气象出版社，2016.11

ISBN 978-7-5029-6471-9

Ⅰ.①为… Ⅱ.①周… Ⅲ.①家庭教育 Ⅳ.①G78

中国版本图书馆 CIP 数据核字(2016)第 277032 号

为人父母必修十堂课

Weiren Fumu Bixiu Shi Tang Ke

出版发行：气象出版社

地　　址：北京市海淀区中关村南大街 46 号　　**邮政编码**：100081

电　　话：010-68407112(总编室)　010-68409198(发行部)

网　　址：http://www.qxcbs.com　　**E-mail**：qxcbs@cma.gov.cn

责任编辑：殷　淼　　**终　　审**：邵俊年

责任校对：王丽梅　　**责任技编**：赵相宁

封面设计：符　赋

印　　刷：北京京科印刷有限公司

开　　本：710 mm×1000 mm　1/16　　**印　　张**：19.25

字　　数：260 千字

版　　次：2016 年 11 月第 1 版　　**印　　次**：2016 年 11 月第 1 次印刷

定　　价：45.00 元

《为人父母必修十堂课》编委会

序言

我们每个人都被父母生养，而终有一天，我们也将为人父母。

为人父母是人的终极幸福之一，同时也是人的终极苦难之一，因为，为人父母是责任、是义务、是使命，同时也是贯穿生命始终的一场修行。

活不好自己的父母是艰难的，这艰难，不是孩子带给我们的，这艰难，难在我们自身生命的局限性。

我们的社会里，大量披着成人外衣的孩子虽然为人父母了，但他们潜意识中还是孩子，导致他们在亲子关系中不和谐的状况不断，却把责任都推到孩子身上，因为他们自始至终不肯成熟、长大。

更深层次地解析，为人父母的艰难其实体现了生命关系的艰难。每个生命都要面临八大关系：父母关系、两性关系、自我关系、亲子关系、金钱关系、事业关系、健康关系和社会关系。

无常、苦和空才是生命的本质。

梳理家族文化传承的脉络，我们的父母是第一代，我们是第二代，我们的孩子是第三代。作为第二代，我们的父母关系、自我关系是遥控我们生命关系发展方向的隐性的神秘力量。我们走向社会成立家庭，这些力量引发我们的金钱关系、事业关系、两性关系、亲子关系、健康关系、社会关系出现一些问题。我们会把命运的责任推卸给旁人，从没有意识到人类与父母的关系是所有困境的源头，从没有人面对生活的困境愿意说自己是一切的

根源。

为人父母，生命关系问题接连不断，特别是两性关系中的问题频发。我们不愿去面对这些压力巨大的问题，把情绪都宣泄在亲子关系中，把生命所有的期待投射在孩子身上。

尽管没有哪个孩子能承受这生命中不能承受之重，普天之下，为人子女者愿意为父母做任何事，无论是父母个体生命还是两性关系中的问题，孩子都愿意承担。个案中很多辍学的孩子都是背负着父母的生命状况，真相是：父母其中一方生活中曾经有弃世的念头，家庭成员沟通是在潜意识层面就存在的，孩子在潜意识中发现这种问题，通过辍学这一过激行为以达到挽留父母的目的。如果清醒的父母与过往和解，决定“留下来”，孩子的问题往往会迎刃而解——主动上学去了。所以，孩子没有问题，孩子都是背负着父母的问题。

通过多年的教学和个案观察，我们发现，几乎为人父母者都多少复制了原生家庭的生存模式，并且在自己的小家庭复制了父母的养育模式。例如：无论你小时多么痛恨父母对待你的方式，一旦你成为父母，便会无意识地将你父母对你的养育模式复制在你的孩子身上。

所以，为人父母最好的方式是活好自己，协调生命八大关系，传承良性的家庭文化，把爱的包裹传递给下一代。为人父母意味着你不再任性做孩子，你是成熟的自然人。在家庭亲子关系中，你始终在父亲位、母亲位。

我们通过多年来跟踪服务虹汇会员以及成千上万“虹汇电台”听众发现，真正为人父母，不是盯着孩子的毛病不放，无论现在家庭生活在哪个阶段，要专注觉察自我个体生命的健康成长。亲子关系的研究和调教目标不是孩子，而是父母自己。

我们试图让此书成为父母检测自我生命的蓝图样本。让所有父母通过清晰自己，延伸到清晰现任家庭两性关系的状况来源——爱情是两个人的事情，婚姻是两个族群的事情，清晰原生家庭族群动力、生存模式，从族群的习性中解脱出来。

虹汇倡导为人父母，要有优势分工。女人引领家庭文化的走向，女人是男人的向导，成熟女性让家庭不再迷失。健康家庭文化建设的主体是母亲，健康家庭经济发展的主体是父亲，这是家庭成员优势偏重的正确导向。女性内在是整个家庭的文化氛围，是家之风水重地。为人父母合理分工、有序合作，是在生活中修行，是良好家庭关系的源头。

男人简单纯粹，女人复杂繁乱。男人很难说服妻子，成熟女性则很容易与丈夫互动。所以，家庭成长最关键的人物是女性。

夫妻真正的沟通链接是在潜意识中进行的，良性家庭文化被妻子带回家庭，丈夫甚至孩子在潜意识接纳、认可下交流，这是虹汇多年观察得出的结论，这不是奇迹，不是多么高深的道理，而是人类共有的能力。

确定一方承担家庭文化建设避免了父母双方互相推诿职责，一旦家庭问题浮现，双方自动承担，家庭组织关系有条不紊良性运转。

为人父母，应接受世事无常，以平常心对待人和事，放下“我执”。任何一方都有责任活好自己，夫妻关系和谐是最好的家教，这是虹汇的终极目标之一，希望《为人父母必修十堂课》可以帮到你，帮到你的家庭。

周　虹

2016年11月

目　录

序言

第一堂课

家庭情绪管理

凡是一个情绪比较浮躁的人，都不能做出正确的决定。成功人士，基本上都比较理智。所以，我认为一个人要获得成功，首先就要控制自己浮躁的情绪。

——拿破仑·希尔

了解情绪

情绪与情绪管理

情绪：是指伴随着认知和意识过程产生的对外界事物态度的体验，是人脑对客观外界事物与主体需求之间关系的反应，是以个体需要为中介的一种心理活动。

通俗地说，“情绪”不是客观存在的，它只是一种主观的体验。

情绪管理（Emotion Management）：是指通过研究个体和群体对自身情绪和他人情绪的认识、协调、引导、互动和控制，充

分挖掘和培植个体和群体的情绪智商、培养驾驭情绪的能力，从而确保个体和群体保持良好的情绪状态，并由此产生良好的管理效果。

情绪不可能被完全消灭，但可以进行有效疏导、有效管理、适度控制。

情绪无好坏之分，一般只划分为积极情绪、消极情绪。由情绪引发的行为及后果则有好坏之分，所以，情绪管理并非是消灭情绪，也无法消灭，而是疏导情绪，并使之后的信念与行为合理化，这就是情绪管理的基本范畴。

家庭情绪管理，就是在亲人之间用正确的方法，探索有效的、高品质的沟通模式，然后调整自己的情绪、理解自己的情绪、观照自己的情绪。

一句话：带着觉知生活。

情绪有哪些

我国古代将人的情绪分为喜、怒、哀、乐、惊、恐、思七种基本形式，现代心理学一般把情绪分为快乐、愤怒、悲哀、恐惧四种基本形式和在此基础上衍生出的情绪，如压抑、嫉妒、迷茫、绝望……

喜：包括喜爱、喜悦、喜好、喜欢、高兴、快乐等情感。

怒：包括愤怒、恼怒、发怒、怨恨、愤恨等情感。

哀：包括悲伤、悲痛、悲哀、怜悯、哀怜、哀愁、哀悯、哀怨、哀思等情感。

乐：指欢乐、身心愉悦，充满幸福的一种情感。

惊：指惊诧、惊愕、惊慌、惊悸、惊奇、惊叹、惊喜、惊讶等情感。

恐：指恐慌、恐惧、害怕、担心、担忧、畏惧等情感。

思：指思念、想念、思慕等情感。

情绪产生的原因

情绪产生的原因非常复杂，是人类生存的衍生物。我们时刻与情绪在一起，大多时间感觉被情绪包围甚至被情绪掌控。所以，对情绪的误解也特别多。

误区

误区一：情绪是负性思维。

误区二：情绪是外界造成的。

误区三：情绪是信任危机造成的。

误区四：情绪是家人的沟通模式造成的。

情绪从哪里来

原生情绪：与生俱来的情绪。

派生情绪：衍生出的情绪。

承接情绪：从族群、父母承接来的情绪。

整体、集体和系统情绪：人人都会参与的、人类共有的情绪。

“看见”情绪

当情绪被我们一次次忽略时，它的破坏性就非常强，如果我们用各种欲望来回避各种情绪，那么我们一生都会被情绪利用、打扰、占用。

看见即穿越，了解创造慈悲。

情绪背后是礼物

情绪是一位“送信人”，所反映的多与婴幼儿和青少年时期的体验有关。能够看见、接纳是成长契机；反之，一味抗拒则会衍生更多的负面情绪。

情绪是服务于生命的，与需求和欲望有关，都是资源。

请回忆一下，曾经，这些情绪到来时您是抗拒还是接纳？

嫉妒

误区：嫉妒让我们的情绪放大或者恶化关系。

孩子：我不想去上学了，不想看见我的同桌。

妈妈：为什么呢？

孩子：他每次英语考试分数都比我高，我不想看见他得意洋洋的样子。

背后的礼物：转化和激发能量。

嫉妒让我们了解我们的灵魂深处是有多么饥饿，它在提醒：第一，我们要什么；第二，有多么想要。实际上，它是一个好品质情绪。当嫉妒降临时，应当将它转化为激发自己的力量，找到我们的匮乏之处，去满足自己。

妈妈：孩子，你也想拥有更好的英语成绩吧？

孩子：啊，还真的非常想，但是我达不到。

妈妈：不试试怎么知道呢？

孩子：好吧，拼一次，每天早起认真背课文，做到预习和复习，努力试试。

妈妈：孩子，加油！无论结果怎样，你有自己的优势——语文，同桌同样会嫉妒你的。

孩子：明白了，妈妈，我的情绪与同桌无关，是我自己有问题要解决。我突然感觉平静了很多。

爸爸：儿子，我们看好你。尽人事，听天命。

压抑

误区： 面对难题要忍、要后退。

女人：我们的主管强势而专制，在他面前，我总不能很好地表达自己的想法，我现在上班很痛苦。

男人：那你的同事也是这样认为吗？

女人：他们好像没有我这么强的感受，我好像回到了小时候，妈妈很严厉，我总是不敢说出自己的想法。

男人：那是你们主管的工作作风，又不是针对你一个人的，你应该学会面对他。你是又把自己当小女孩了，得赶快长大。

女人：嗯，还是忍忍吧。

背后的礼物： 感激它、接受它，看到它的价值。

压抑来自于记忆，是一种习惯性的来自童年的压抑，往往是从小我们便无法表达。压抑的正面作用是保护我们安全，不至于毁灭自己，所以，应该看到压抑的善意。

女人：老公，我单位的事情解决了，学习成长后，我内心强大了，对领导大胆说出我的方案后，他竟然同意了。

男人：真的，这么简单？

女人：老公，我也想对你说，其实，我不爱吃腊肉。

男人：天哪，你吃了几年了。

女人：是的，感谢我压抑了多年的情绪，起码我们很少吵架，看着你吃也很享受。我现在要对你说真话，青菜里能否不放腊肉？

男人：当然可以啊，你早说啊。还有什么压抑的情绪都说出来吧。

愤怒

误区：经常被人和事激惹，愤怒异常。

孩子：真气死我了，今天我的好朋友竟然去讨好一个经常欺负人的同学，他这是对我的背叛。

爸爸：儿子，在生活中我们不要歧视他人的处事态度，不要去干扰他人的生活状况，也不要去排斥他人以任何方式过他的生活。

孩子：我就是生气！

爸爸：生气是因为你自己产生了挫败感，与同学无关，对不对？这就是平日我们说的，用他人行为惩罚自己。

孩子：嗯，有些明白了，爸爸，再讲讲……

背后的礼物：呼唤内心的力量，正确地抉择。

愤怒本身是呼唤自尊和自重，也唤醒了平时不敢表现的行为，愤怒可以点燃勇气和创造力，推动生命去呼唤这些力量。愤怒引发的原因，首先是需要没被满足，生活中的很多悲剧和灾难不是愤怒带来的，是我们错误地使用了愤怒，是因果法则，像“蝴蝶效应”；其次是提醒我们当应激事件发生时该如何反应，当我们愤怒时该如何抉择。

孩子：爸爸，我不再对那个同学有愤怒了，他爸爸与妈妈离婚了，他现在亲戚家住，寄人篱下，怪不得爱讨好别人。

爸爸：关于他的背叛呢？

孩子：他说父母背叛了他，当时，我就联想到了家庭文化的传承。我的愤怒是以为他背叛了我，其实我没有权利要求他忠诚。

爸爸：你还有愤怒吗？

孩子：没有了。

悲伤

误区：当家庭成员悲伤时，滥用安慰去打断他的情绪。

孩子：我失恋了！

孩子关上卧室的门号啕大哭。

父母着急地大喊大叫：不许哭！哭什么，你出来，我们谈谈。

孩子：求你们不要管我，我想一个人待着。

父母：我们开门进去了啊。你不要干傻事！

孩子嚎叫着冲出门，父母吓傻了。

背后的礼物：看到悲伤并且等待它结束。

永远不要去安慰正在悲伤的人，悲伤的尽头就是接纳，有开始就有结束。如果一个人用悲伤去链接哀伤中的人，是十分危险的，会派生更多的情绪。

孩子：爸妈，我失恋了。

父母：我们理解你的感受，孩子，确实难以接受。

孩子：你们不要管我，我想一个人静静。

父母：好的，孩子。

孩子关上卧室的门号啕大哭。

父母在客厅静静地坐着，为孩子默默祈祷。

几个小时过去了，房门打开，孩子走出来。

孩子：爸妈，我好了，多谢你们让我痛痛快快地哭了一场，否则我会憋死的。

父母：我们知道，不让你的情绪流淌是错误的。

孩子：没事了，家真好。

无聊

误区：太在意生命的意义。

孩子：无聊，真无聊。

爸爸：你就是爱玩，不玩会死？

孩子：写完作业，你们还给我加作业，生活没有任何乐趣。你们天天上班赚钱、吃喝玩乐多有意义，我的人生却没有任何意义。

背后的礼物： 深入了解自己的需求。

无聊代表灵性的敏感，在意生命的意义。当我们太在意生命的意义时，就会感到无聊——你现在所做的不是你要的。如何才能感到生命有意义，这时可以好好去思考，了解自己深层次的需求。

孩子：我觉得自己活着没有什么意义。

妈妈：做什么你才能感到有意义？你的需求是什么？

孩子：与你们一样，该学习的时候学习，该玩的时候玩。

爸爸：明白了，只是让你学习不是你想要的生活，要劳逸结合？

孩子：对，在学校集中注意力听讲，回家高效完成作业，然后你们让我出去疯玩，学习成绩能够稳定或者中等偏上，这样我感觉生活就是有意义的！

爸爸：好的，听你的。

所以，任何一种情绪都有积极和消极的两面，都是未完成的心愿。了解了情绪，我们会拥有正确的态度。

“看见”情绪的善意

生活中，当传统意义中的负面情绪来临时，你有多对抗，情绪就有多顽强。当你看见情绪的善意，与事件的纠缠结束，情绪自会穿越你的生命，悄然离去。

请试着诵读下面文字3～5遍，并感受自己内在的变化：

当情绪来了，我首先要看到它，我只是看，看着情绪的涨落。

情绪化特别严重时，说明我内在需要清理，感谢我所有的情绪。

我愿意对情绪以礼相待，打开情绪包裹传递的信息，发现生命的真相，感谢我所有的情绪。

我愿意从情绪中看到自己的期待与渴望，了解自己的恐惧与需求，感谢我所有的情绪。

疾病是我表达情绪的一种方式，越是重大的疾病，透露的信息越重要，感谢我所有的情绪。

我愿意给情绪一个位置，等它缓缓流经我的生命，感谢我所有的情绪。

生活中，越能看见自己情绪的善意，就越能接纳伴侣和孩子的情绪。

当事件降临，不是马上反应，而是有觉知地选择：

不是抗拒，是选择接受自己有情绪；

不是无视，是选择时刻观照情绪的发展；

不是恼怒，是选择带着感恩与情绪在一起；

不是恶化，是选择转化情绪。

情绪与疾病

面对情绪最可怕的做法是封闭和压抑情绪，疾病和身体会成为情绪的出口，所有的情绪都来自于生命中未完成的事件。

误区

误区一：疾病主要与环境和食物有关。

误区二：情绪只是影响心情。

疾病是你的本质

健康元素包含：自然环境、医疗条件、社会环境、遗传因素和心理行为方式，它们对人健康的影响比重分别约为7%、8%、10%、15%和60%。可以看出，对人的健康影响最大的不是环境和食物，而是心理行为。下面，就让我们从家人的心理行为来分析疾病与健康的关系。

心脏病：爱的能力出了问题，情绪失控、暴怒。

感染：内在冲突在身体的表现。

过敏：攻击性在身体的表现，鼻子过敏多是嫌弃自己。

胃病：生活中有很多难以消化的事情。

胃溃疡：是想把自己消融掉，自我价值感低。

感冒：身体提醒你要休息了。

咬手指甲：没有发作的攻击性，通常是压抑对父母的愤怒。

便秘：关闭自己的潜意识，不愿靠近真正的自己。

肝病：评估功能出现问题，评判过多，二元对立。

神经性厌食症：太理想化、过度禁欲。

耳朵出问题：不愿听了，有些不愿服从、但又不得不服从。

口吃：抑制、避免直接说出心里话。

皮肤病：想和别人划清界限。

牛皮癣：自我设限、不愿走出来。

流产：与生命中的恐惧有关系。

静脉曲张：做事缺乏弹性。

颈椎问题：不愿低头，与恐惧、焦虑有关。

腰椎问题：负担太重。

关节：僵化的态度。

失眠：不愿放下“小我”。

瘾症：替代婴幼儿和童年时期的残缺。

癌症：个体是“癌”，延伸到每件事，全都不得任何退缩，它是一种转移，是错误层面的爱。

疾病是身体表达情绪的一种方式，越是重大的疾病，透露的信息越严重，包含的情绪越强烈。

一位虹汇姐妹认为自己有抑郁症，她拿着医院开的抑郁症诊断书，吃不下饭、睡不着觉，“心安理得”地躲在家里无所作为，甚至想到自杀。

周虹老师告诉她：你没有病，你的疾病是自己操作出来的。

经过学习，她发现了抑郁症的真相：

(1) 妈妈是一位残疾人，在她的潜意识里与妈妈的链接很深，承接了很多母亲的情绪模式，自己也愿意和妈妈一样。

(2) 从小受到嘲笑，一直以来对自己的相貌极度自卑，为保护自己不受伤害，语言攻击性很强，因此无人可交。

(3) 当个“病人”就能彻底不用承担，逃在疾病里很安全，没有人再去要求她了。

了解到真相后，她勇敢地面对自己，接纳并爱上自己，不但“病”症全消，还当上了虹汇导师，勇敢地把她的经历分享给大家，帮助了很多有“操作性疾病”的朋友。详情参考虹汇电台的节目《疾病是我操作出来的》。

让身心康健的正确方式

✲ 生活中保持心理平衡。

✲ 疾病是表象，通过疾病了解情绪，疗愈自己。

孩子：妈妈呢？

爸爸：姥姥生病了，又住院了，妈妈去照看她。

孩子：姥姥又怎么了？还是心脏病？

爸爸：是的，姥姥经常发脾气，对心血管害处很大。

孩子：疾病与情绪有关系吗？

爸爸：当然，孩子，疾病跟心理、族群、情绪有关，而这些往往与不接受很多事情有关系，愤怒地对抗童年或者生活中的事件……

孩子：爸爸，怎样才能不得病呢？

爸爸：要想不得病，就要管理好自己的情绪，接受生活中所

有的发生。孩子，我们有多少接受就有多少喜乐；有多少抗拒就有多少烦恼。所有的疾病都跟抗拒有关。

孩子：明白了，如同妈妈经常说的一句话，生活怎么来，我们就怎么过。

每种疾病都指向一个被长期忽略的内在的情绪问题，而身体上的症状使情绪问题能够在另一个层面上为你所见，这实际上是在提醒你，哪些是需要疗愈的地方。尽管疾病看起来是负面的——你被各种症状和疼痛所困扰，但我们应该把疾病看成一个信息或指示，深入了解我们的内在情绪，而不是与疾病抗拒。

家庭情绪管理

目的性情绪管理

亲爱的读者朋友，请回忆一下你最近一次情绪失控的情形。

你当时沟通的初衷是什么？后来呢？

当你说话时，你是在解决问题还是在发泄情绪？或者只是想惩罚别人？

你是在证明自己是对的吗？结果呢？

误区

误区一： 只是为了发泄情绪，不是解决问题。

误区二： 只想证明自己是对的。

男人深夜未归，女人频繁看表，盼男人归（这是目的）。

凌晨，门响，男人蹑手蹑脚回家……

女人：几点了?！看看几点了！

男人：对不起，对不起，几个哥们儿喝多了。

女人：喝喝喝！就知道喝！你看看人家隔壁老刘，挣钱比你多，照样天天回家陪老婆孩子！

男人：老婆我错了，以后我也早回。

女人：以后?！鬼才相信！你啥时候说话算数过?！

男人：别吵醒孩子，咱明儿再说。

女人：你今天必须说清楚，你到底去哪了?！

……

男人摔门而出。（这是结果）

男人越来越晚归。（这是结果）

最后干脆彻夜不归。（这是结果）

有情绪的时候，把情绪放在埋怨别人身上，目的就错了，结果当然只会是“南辕北辙”。

正确的方式

✻ 对自己的情绪方向有觉知，目的是解决问题而不是发泄。

✻ 把情绪引向好的目的和方向。

生活中，孩子的作业问题、与他人的沟通问题等，多与此“异曲同工”。

男人深夜未归，女人频繁看表，盼男人归。（这是目的）

凌晨，门响，男人蹑手蹑脚回家……

女人温言软语：亲爱的，你怎么才回来啊？人家都想你了。

男人：和几个哥们喝多了。

女人：歇一下，我给你准备了养胃汤，喝了对身体好。

男人：还是家好啊！老婆你越来越温柔了，我以后争取早些回家。

男人果然越来越早回家。（这是结果）

家越来越温馨，心越来越暖。（这是结果）

当你意识到是为了解决问题而不是抱怨时，情绪就不会放任了。当你不再泛滥情绪时，情绪就已经转化了。我们不能压抑、对抗情绪，只能想办法去转化情绪。很多人的沟通与表达都停留在宣泄情绪上，而不是解决问题，也没有正确的目的。情绪管理就是带着觉知，把情绪引向好的目的、好的发展方向。

自主性情绪管理

生活的10%是由发生在你身上的事情组成，而另外的90%则是由你对所发生的事情如何反应决定的。

你的情绪反应的自主性决定了你生命的发展方向。

误区

误区一：自我沦陷。

误区二：放任情绪。

误区三：灾祸与情绪无关。

误区四：凡事以自我为中心。

生活中，人们情绪失控往往走两个极端：要么是以己之长比他人之短，都是自己对；要么以己之短比他人之长，自己什么都不好。这些情绪其实都是自主性的，与外界无关。自主性情绪管理在当今社会的进化方向应该是：凡事以全面、完整、系统的发展方向为自主性情绪管理的方向。

《黄帝内经》中有句话说“高下不相慕”，是指人与人之间没有高下的区别，没有可比性。但现实生活中，片面的攀比、评判积累了很多的负面情绪，人们还会把这种坏情绪转移给家人。

正确的认知

✻ 全面、完整、系统地看待人和事。

孩子：妈妈，我好朋友的爸爸是个大公司的老总，他说他们家住大别墅呢。

妈妈：那你很羡慕他啦？

孩子：也没有，我朋友见爸爸经常来接我，还很羡慕我呢，说她爸爸很忙，他们连吃饭都很少在一起。

爸爸：可他们家住别墅哦？

孩子：我们家虽然不是别墅，但很干净呀，我的房间也很温馨，能经常和爸爸妈妈一起吃饭，我感到很幸福！

妈妈：我们两家都各有优势，孩子，你能发现，真了不起！

保持好情绪的诀窍就是：你拥有什么，就"认"什么。活在当下，自己的父母就是最正确的父母，老公就是最正确的老公，孩子就是最正确的孩子。如果你能这样想，还会有坏情绪吗？

✻ 觉知情绪的"蝴蝶效应"。

男人起床洗漱时，随手将自己的高档手表放在洗漱台边。女人怕手表被水淋湿了，就随手拿过去放在餐桌上。

儿子起床后到餐桌上拿面包时，不小心将手表碰到地上摔坏了。男人心疼手表，就照着儿子的屁股揍了一顿，然后黑着脸骂了女人一通。女人不服气，说是怕水把手表打湿。男人说手表是防水的。于是二人猛烈地斗起嘴来。

男人一气之下早餐也没有吃，直接开车去了公司，快到公司时，突然记起忘了拿公文包，又立刻转回家。可家中没人，女人上班去了，儿子上学去了，男人钥匙留在公文包里，他进不了门，只好打电话向女人要钥匙。女人慌慌张张地往家赶时，撞翻了路边的水果摊，摊主拉住她不让她走，要她赔偿，她不得不赔了一笔钱才摆脱。

男人拿到公文包赶回公司时，已迟到了15分钟，挨了上司

一顿严厉批评，心情坏到了极点。下班前，他又因一件小事，跟同事吵了一架。女人也因早退被扣除当月全勤奖。儿子这天参加棒球赛，原本有夺冠希望，却因心情不好发挥不佳，第一局就被淘汰了。

试想，如果男人能控制情绪，换一种反应，比如他安慰儿子："不要紧儿子，手表摔坏没事，我拿去修修就好了。"这样儿子也高兴，女人也高兴，他本身心情也好，那么随后的一切就不会发生了。

能够主导我们生活的只有自己！

情绪相互传染，影响容貌

俗话说"相由心生"，指人的仪容外表会受心灵思想因素的影响，坏情绪是影响我们容颜的病毒。

坏情绪对容貌的影响

✲ 生闷气、执拗。在家庭生活中这是最大的"隐形杀手"，会让家人、特别是孩子生活在紧张、焦虑和不安之中。人到中年后，面容紧绷、神情严厉。

女人：周虹老师让我闭嘴，我都闭了一周了，都快憋死了，你们怎么都没感觉吗？

男人：周虹老师是不让你抱怨，可不是让你回来生闷气的。

孩子：妈妈，你去照照镜子，跟我们欠你钱似的，我和爸爸怎么可能开心呢？

家人之间最真实的沟通是潜意识沟通，男人是家里的天，女人的情绪往往是家庭的"晴雨表"。喜乐平和的女人会让家弥漫在祥和喜乐的氛围中。

所以，女人是家里的风水。

✲ 说话刻薄、不顾及他人感受。语言伤害犹如一枚枚钉在树上的钉子，即使拔掉了，也会留下伤痕。人到中年后，面容沧桑、神情凶恶。

✲ 过于挑剔和计较，看什么都不顺眼。和这样的人在一起，会心生担忧、身心疲惫。人到中年后，面容憔悴、神情委靡。

正确的方式：正向疏导

✲ 当有不良情绪时，能够接纳和转化，不再扩散坏情绪。

孩子：爸爸，我放学了，怎么没见妈妈？

爸爸：妈妈今天心情不好，她想在卧室单独待一会儿。

孩子：爸爸，你不开心的时候也喜欢独处吗？

爸爸：我的方法是和几个朋友聚一聚、喝杯酒，不开心的事就烟消云散了。

孩子：我从没见你们在家里发脾气，原来你们都有“秘密武器”呀！

妈妈：我现在没事了，心里平静多了。你们想吃什么？我去做。

✲ 当有不良情绪时，可以听些相声、看些喜剧小品或听些舒缓的音乐。

孩子：我的心情不好。

爸爸：来，上“秘密武器”！相声还是音乐？

妈妈：我最近发现了一些仿佛海浪阵阵的音乐。

孩子：就这个吧，也许能让我的心情海阔天空。

爸爸：我儿子一定会越来越帅！

✲ 心有序、事有序。

美国的心理学家杜威曾经说过，“人的外在行为方式由内心的倾向性决定”，也就是说，你有什么样的想法，就会表现出什么样的行为。

孩子：爸爸，我好烦躁。初中作业好多，我都不知道先写哪一门功课，反而不想动笔了。

爸爸：那是因为你现在没有头绪，心乱了，不知道该如何做。

孩子：我应该怎么办呢？

爸爸：你可以先把所有的作业列出来，如数学几项、语文几项、英语几项、生物几项……

孩子：我明白了，我还可以每完成一项画个对勾，这样我就清晰地知道我完成了多少，还有多少未完成了。

爸爸：那你现在还觉得无法动笔吗？

孩子：不觉得了，我现在感觉很明朗。其他的事情也可以这样安排啊。

爸爸：这就是事有序，心有序；心有序，事更有序呀。

妈妈：你有这样的心态，保证你将来相貌堂堂、玉树临风。

如果一个人内心有序，那么他做事情也会有序；如果一个人觉得乱七八糟很正常、很自然，那么他的常态就是混乱。这句话也可以反过来讲，就是“事有序则心有序”，你能把事情井井有条地处理好，那么你的心里也是平稳有序的，没有情绪大幅波动，自然会平平安安。

✲ 平静是常态。

没有平静就没有幸福。生活中不能追求大喜大悲，因为一个人的情绪或习惯性反应能够塑造面部肌肉。比如，情绪激昂的人经常大笑，易生皱纹；悲观的人经常耷拉着脸，法令纹很深，容易老相；苦大仇深的人经常皱眉，久而久之，眉心轮塌陷……平静，内心的宁静面部肌肤平和舒缓，不变形，不走样。平静的人，岁月无痕，宁静致远，青春永驻。

不透支明天的烦恼

中国的父母，习惯性地焦虑、担忧。

误区：惧以往，恐未来

父亲：孩子，家里日子不好是因为我们没有文化，将来你上了大学，我们家才幸福。

母亲：赶快大学毕业，好开始工作，你工作了，我们家才可以幸福。

父亲：工作了，赶紧成家，你结婚了，我们家才可以幸福。

母亲：都结婚一年了，抓紧要小孩，有了小孩，我们家就幸福了。

没有哪一刻家人可以幸福，一辈子就这么被情绪毁掉了。

正确的方式：活在当下

所谓“当下”，简单地说就是指现在正在做的事、所在的地方、周围一起工作和生活的人。道理看似简单，大多数人却无法真正做到专注于“现在”，最后，真的到生命快要终结的时候，忽然间才明白，自己一直忘了真正地去生活。

大多数人都以“情绪”的模式沉浸在过去的记忆中，卡在了未完成的事件中，甚至一生一世都在情绪中过活不能自拔。这就是许多父母一生的写照，童年的不安全感固化了一代人的情绪模式。他们劳碌了一生，时时刻刻忧虑过去、恐惧未来，从没有活在“当下”，殊不知自己已经失去了每一天、每一个真实的刹那，虚度了人生。

孩子：爸妈，活在当下，每个人生阶段都可以幸福，幸福没有条件，每一天都可以。

父母：是啊，现在不愁吃、不愁穿，咱们怎么还是天天愁呢？

孩子：你们过去穷怕了。

父母：该换换脑子了，听孩子的，享受每一天。

孩子：你们情绪好，我就能轻轻松松生活、工作。

不纠结于过去的种种包袱，不透支明天的烦恼，体验生命中的每一分、每一秒，真正的满足就在现在，人生的意义就在眼前，生命的喜悦才能俯拾皆是。

情绪管理小妙招

“断、舍、离”——全方位清理负能量

断——断绝不需要的物品进入房间。

舍——舍弃家中累积的废物。

离——脱离对物品的执着，身处宽裕而自在的空间。

女人：经过这段时间的整理和清理，屋子里敞亮多了，我连心里也觉得敞亮了。

男人：我突然感觉家里面好宽敞。

女人：看看你的衣柜。

男人：正装、休闲装、运动服一目了然，原来那些衣服都放哪了？

女人：有些衣服好多年了，你平时也不怎么穿，比较好的我送人了，还有一部分就直接扔了。

男人：这样处理好，现在衣服好找了，心情很轻松啊。

孩子：现在家里真舒服，我都不愿出去了。

无论是“断”，抑或“舍”，最重要的就是反复问自己这个东西对于现在的我到底有用吗？是现在就能用还是仅仅只是未来的某个时候或许才会派上用场？是为了填补内心匮乏的安全感、满足别人对高品质生活的定义、遮盖心中的自卑情绪，还是真的为

了自己才留下这件物品？面对物品，其实就是在面对自己！所以，运用“断、舍、离”去清理物品，不仅仅是在整理凌乱的房间，而是在对内心的情绪和感受进行着梳理和调整。对曾经发挥重要功用而如今已退居二线的物品说声“谢谢”，对冲动购物却搁置墙角没有很好施展其用武之地的物品说声“对不起”，然后再去舍弃，或许就会容易很多。

清理后，你会发现屋子的内部空间变得开阔和清爽，内心空间也在不断扩大和强大。执着于外在的人和事物，不能让我们内心得到真正的满足，而将关注力聚焦于自身，精力放在当下，才能换来生活真正的轻盈。

运动——能控制身体就能控制情绪

误区：认为控制情绪就是压抑和不发作。

正确的认知：运动是不伤害别人的情绪宣泄。

孩子：爸爸，为什么运动以后我对下午与同学发生的冲突不那么在乎了？

爸爸：你宣泄了好多情绪出来，否则它们会停留在身体里。

孩子：感觉自己好放松。

爸爸：让身体处在放松的状态里，很多烦恼便难以影响你，放松是“无为”法。

孩子：特别是现在，我大脑空空，不去做什么，感觉特别真实地放松，好喜欢这种感觉。

爸爸：感受一下你放下了什么？

孩子：下午的争吵。

爸爸：是的，孩子，这样你才能放松，因为你放下了好多烦恼的事情。

运动是释放负面情绪非常好的做法，当你能够控制身体的时候，情绪也能很好的控制，成为内心强大的人。让我们看看运动的好处吧。

太极：人为万物之灵，人与动物的区别在于心灵。心为一身之主，心一动百骸动，心一静百骸静。太极，让人心平气和，清除一切私心杂念，精、气、神协调一致。专心致志，全身心投入其中，一招一式、阴阳变化、形神兼备、内外兼修，明其理、懂其妙、把握其巧，才能使心身由束缚走向自由，情绪达到随心所欲、起止开合恰到好处、引领人生的超卓境界。太极变化无穷，人外有人，天外有天，身体竟自随活，招式随机变化，进退似有天助。

瑜伽：能够使人身体和精神获得最大限度的放松，有利于消除烦恼，获得心理平衡，所谓“心无意，身无意，无意之中是真意”，这是瑜伽体式练习对心理调节的最高境界。

有氧搏击：练习过程中要求积极主动地攻击，从而能使锻炼者消除自卑感，提高自信心，是发泄情绪和减轻压力的好办法。

给自己一个发泄情绪的机会和目标：在健身房或空旷的场地，沙袋、球或一些小玩偶都能当作发泄的目标，可以呐喊、搏击、摔打，用你觉得最过瘾的方式把你的不良情绪宣泄出来，回到家后，便可以平静如水。

歌唱——能控制声线就能控制情绪

虹汇一年一度的演唱会有一个惯例：唱和自己日常风格完全相反的歌曲。

比如：

悲情的人，唱豪放喜乐的歌。

急躁的人，唱低沉悠长回转的歌。

爱发飙的人，唱温言软语的歌。

性情冰冷的人，唱柔情蜜意的歌。

机械僵硬的人，唱灵动轻盈的歌，边唱边舞。

从不可能，到可能，到像模像样演出，一次次彩排的历程就是一次次观照内在情绪、调整内在情绪的过程，一次次历练，一年年蜕变，蓦然回身已行走在喜乐中。

此生，情绪与我们相随相伴，好好观照它，情绪会百倍身心愉悦地回报你。

不要去“追求”快乐，“追求”快乐的人是“迷路人”，得到的也并不是真正的快乐。当你开始淡化快乐与不快乐的界限，既不执着于快乐，也不执着于不快乐，你就从“追求”快乐之中彻底解脱出来了，那才是真正的快乐。

情绪——生命成长的恩典。

第二堂课

圆融的两性关系

无论听起来多么奇怪——
人们一切行为的背后都是爱在运行着；
爱也在我们所有的身心症状背后运行着。
治疗的本质便是找到当事人爱所在的地方——
那便是问题的根源；
因为只有通过爱，才可以找到解决之道。

——伯特·海灵格

爱 情

爱情的误区

误区一：爱情是永恒不变的。

误区二：世界上没有真正的爱情。

误区三：一次次被爱情伤害，不再相信爱情。

爱情中关于伴侣的误区

误区一： 爱情就是为他（她）付出所有，以他（她）为中心。

误区二： 爱情是为他人活，牺牲自己。

误区三： 我为你付出这么多，你还这样对我？这么多年，我不舍得为自己花一分钱，钱都用在你们身上，在这个家当牛做马，你们都欠我的！

以爱的名义来付出，为虚耗的人生扯谎，然后再一层层穿上受害者的外衣，满腹委屈地拖垮家人，以付出为要挟控制、绑架伴侣，从而达到自己的目的。

误区四： 爱我，他（她）就必须认同我，就要和我想法一致，就要听我的话，我不喜欢吃辣椒，他（她）就不能喜欢吃辣椒，他（她）得为我改变，否则就不是真的爱我。

误区五： 假如他（她）真的爱我，就应该随时接我电话，天天准时回家，否则就不是真的爱我。

在爱情中，女人通常比男人更容易受伤，女人更容易活在自己的幻想里，以自我为中心，按照自己的标准重塑男人——自己是三角形，老公是圆形，就一定得按照三角形来给老公整形，结果让男人无法忍受，逃离家庭。

正确的看法

真正的爱情是“看见”与“接纳”伴侣的过程。穿越爱情，优化人类的生命，彼此成长，终极是：离苦得乐，生命花开。我们的种种要求都来自于自我生命的缺失，只有圆融自我，才能让伴侣和自己享受爱情生活。

爱情是人终身的修行，借由伴侣不断升级双方的能量层级。

人类只有从爱情中可以回答人生的终极问题：

——我是谁？

——我从哪里来？

——我要往哪里去？

爱情的真相：让你一次次遇到真正的自己

为什么人类需要爱情？因为我们从出生开始生命就不断有问题发生，造成生命内在匮乏、不完整、有缺失。我们借伴侣反观自己，看清自己。人类最大的疾病不是被他人否定或离弃，而是自我否定，爱情成为圆融生命最好的修行。

现今社会，爱情是关系重灾区：

女人需要不断看到、听到关于爱情的表达，男人认为一生表达一次“我爱你”即可。

女人要爱，男人要性。

女人踏上寻找理想父亲的旅程，男人踏上寻找理想母亲的旅程。

爱情中的伤害就这样诡异地展开了。

正确的做法：无论男人女人，必须修习回归自爱

✼ 学习放下对伴侣的要求，先回归自己。

✼ 勇敢面对自己生命中所有的发生，特别是在原生家庭中所经历的伤痛，从“痛”中疗愈自己，完整、强健自己。

✼ 看清伴侣的“模式”从何而来，在爱情中真正看见伴侣，通过了解去创造慈悲，经历爱与接纳的过程。

✼ 爱情是变化的。接受“世事无常”是真正长大、成熟的表现。

✼ 真正永恒的爱情是自爱。人类在爱情的“调教”下，不断地在两性关系中自我修行、圆满内在，从而走向生命终极之爱。

人类就应该活得自由自在：自由——由得自己了！自在——自我不在了！

“另一半”之殇

提起“另一半”，我们的感觉多是受伤的——他（她）为什么这样对我？我们都期望另一半，另一半所给予我们的却往往是情殇。

然而，当我们热衷期望另一半的时候，又有谁揣摩过另一半是怎样期待我们的呢？我们都中了另一半的毒，下毒的人又是谁呢？

关于“另一半”的误区

误区一：自己的另一半应该是完美无缺的。但没想到另一半也这么期待你。

误区二：自己缺失的，另一半必须能够补上。但另一半也在期待你给予他（她）“完整”，两个另一半都在忘形地索取，将对方合并到自己的缺口上，最终发现每个另一半都合不上，于是失望至极，自怜自哀。

误区三：当另一半不能满足自己时，就不断提要求，永远将自己放在中心位置。

误区四：当发现另一半不能成全自己时，就选择放弃，不断寻找下一个另一半，总是幻想下一个另一半能够真正匹配自己，不断重复伤人伤己。

我们都习惯了以自我为中心，每个人都在找另一半来满足自己，弥补自己“残缺”的生命，另一半的“悲剧”便诡笑着

展开。

男女有别，误解很深，每个人都有生命的死穴。比如：女人总是质问男人为什么要这样生活，这样做人，这样对待自己的生命？

女人：每次我出差回来，就会跟他大吵一架，原因很简单，我推开家门时，永远看到家中乱七八糟。厨房更是不能进，满池子的没有刷的碗、锅。

男人：我不觉得有多乱啊，她就是爱没事找事。

女人：鱼缸里的鱼几乎死完了，因为他根本想不起给鱼缸换水。家里的花草也都枯萎了，他总是忘了浇水。

男人：都是她想养的，我不知道该何时浇水换水，她养她负责。

女人：打开衣柜，我更是怒火中烧——全是脏衣服，还和干净的衣服混在一起。我就不明白，他为什么这样生活？

男人：我从小就寄宿，所以对家里整洁没有她要求那么高。家里再乱在我眼里都是可以的。再说，这是家，环境是为人服务的，对我来说，方便最重要。

女人：他还不爱惜自己的身体，天天在外喝酒，回家也不锻炼身体。为了让他锻炼，我什么办法都想尽了，人家就是不动弹，懒得要死。

男人：在外喝酒那是工作应酬，没有办法。我就是不爱运动，回到家里，已经很疲惫了，我就是想静静。她一唠叨“生命在于运动”，我就想说，乌龟爱静还活千年呢！

女人：就是他不对，我生气，他也不解释，我内心更不安，充满痛苦，很深的痛苦。

男人：她一张嘴我就头疼，不解释是避免吵架，有时干脆走人，我惹不起她。

人是受整个家族集体潜意识的影响而生活的，身不由己，每个人的成长伴随着太多的发生，隐性的族群力量古老而又强大，我们都在人类大系统中扮演着早已被设计好的角色，自己其实没有多少自由度。

“另一半之殇”的真相就是：如果你的内在还有冲突、还有缺失、还未完整，那么爱只能带来伤害。

正确的做法：在另一半关系中发展三种能力

✲“看见”的能力——我看见你了。

看见自己：了解自己 0～18 岁所有重大事件对自己的影响。看见父母、族群婚姻模式的传承，看见自己的匮乏与缺失。

看见另一半的无辜：看见另一半对他（她）的父母、族群婚姻模式的承接，看见彼此被设定的人生，看见另一半的不容易。

还另一半清白：不是施展同情心，而是依靠同理心，带着感恩和忏悔重新开始。

具备看见的能力，看到对方的爱和不易，我们才会与另一半真正在一起。

✲ 接受的能力。

内在的容量是外在的敞开度，开阔内在大格局，没有对立，不带限制，不评判任何人与事，只是接纳，这是发展另一半关系要达到的成熟状态。

✲ 爱的能力。

先爱好自己，生命有爱，才能滋养自己并且将爱给予另一半。

两性关系不是对父母的投射和期待，而是真正的平等心、慈悲心。

你的内在不再缺失，不需要另一半来填充你的匮乏，从而对另一半没有期待，爱便越来越趋于宽广、深厚。

另一半之殇是两性生活的恩典，另一半的使命是促进人类完整，是爱情的馈赠。

人类为什么要完整

不完整大多来源于0～18岁的经历，人们在原生家庭中有所缺失，经常会在婚姻中寻求完整。

一位虹汇学员隔三差五就和老公“闹夜”。老公睡着了，把老公叫醒，又哭又闹，老公哄完她又接着睡，她却推醒他进行升级版哭闹，直到老公发怒逃离家庭。通过家庭系统排列（后简称家排），我们才了解到，这位学员在5岁的时候失去了妈妈，爸爸忙于生计无暇照顾她，夜深人静时，她经常恐惧害怕哭着找爸爸。而在婚姻中，她又退回到幼年时期，一次次重复小孩子闹夜模式，把对父亲的期待投射在丈夫身上，男人无法承担这样的压力，只有逃。幼年的残缺经历给他们的婚姻造成了巨大伤害。详情参考《女人精 女人经》中“闹夜女人变形记”。

不在关系里乞讨

课堂上，周虹老师给他们做了家庭系统排列。

女人：对不起，老公，我把对父亲母亲兄长的期待都投射在你身上。

男人：对不起，老婆，我承担不了。

女人：我接受，以后你只是我的丈夫。

男人：是的，我只是你丈夫，没有其他的了。

女人：我回来了，做你的女人。

生活中，女人不断去疗愈自己“内在的忧伤小孩”，彻底还另一半清白。夫妻真正开始两性生活。

虹汇大家庭成员通过家排都看到了自己在婚姻中对老公的投射和期待，她们把老公投射成父亲母亲，期望老公像父亲母亲一样包容，爱她们。又期待老公像兄弟姐妹一样照顾她们，像情人一样浪漫。而生活的实相是，老公不是父亲、母亲、兄长、情人，他只是丈夫。虹汇女人看清了自己，接纳了老公的简单纯粹。男人们也看清了自己的互动模式，明白了妻子只是妻子，不是母亲。婚姻生活从此发生重大改变。

很多人一旦从原生家庭走出而进入人群，就把对父母的期待投射在各种关系中，于是所有的关系都被破坏掉了。尤其在两性关系中，没有任何一个另一半能够满足这样的期待。

在虹汇，很多学员会把对父母特别是对母亲的期待投射在老师身上，周虹老师经常提醒大家："我不是你们的父母，只是你们的老师，虹汇不照顾披着成人外衣的小孩。"如果把对父母的期待投射在老师身上，那么你一定会失望，虹汇课程也就无法帮到你。

所以，读者朋友们，关系要纯粹，时刻带着觉知进入关系。

要寻找到真正另一半，其实应该这样问自己：谁才是我的另一半？原来，另一半是失落的自己！

如果你与另一半相处时不断出现问题，那么不能祈求另一半改变。你失落的另一半，不需要向外找，而是应当不断地向内找，完整自己、圆满自己。你生命内在不缺失了，伴侣生活中的另一半就圆满了，因为当你不再像乞丐一样向另一半伸手索取，不在关系里乞讨时，就没有了失望和伤害。

男人格　女人格

人格是做人的格式，也称个性。在人生的大舞台上，人也会根据社会角色的不同来换面具，这些面具就是人格的外在表现。面具后面还有一个实实在在的真我，即真实的自我。人格是人类独有的、由先天获得的遗传素质与后天环境相互作用而形成的、能代表人类灵魂本质及个性特点的性格、气质、品德、品质、信仰、良心以及由此形成的尊严、魅力等。人格决定一个人的生活方式，甚至决定一个人的命运，因而是人生成败的根源之一。

男人格就是男人做人的格式，女人格就是女人做人的格式。

人格误区

误区一： 江山易改，本性难移。

误区二： 我学过九型人格，了解自己的个性，我就是这样子，你们应该接受我。

误区三： 做人，我没有问题，都是其他因素造成的。

多年观察发现，中国两性关系中矛盾冲突最大的是大多数女性没有心甘情愿做女人，她们的生命里住着两个人，女性能量较弱，男性能量稍强，做人的格式趋于男性化。随着生活发展，对自我生命认知越发混乱，家庭生活由于女性长期不在妻子位、妈妈位，而产生了许多问题。所以，唯有回归自身人格格式才能安家乐业。

正确的认知：男人格

——“白马王子”（第一核心）。

——事业游刃有余。

——生活从容不迫。

——性格幽默温和。

白： 代表干净。女人喜欢干净的男子，干净卫生有利于健康进化。

马： 代表金钱、财富。充裕富足的生活才能给女人、孩子带来稳定、幸福的生活。

王： 代表占有一席之地。男子事业、财富的来源，在于它彰显了自己的优势，天生的才能，为社会做出了贡献，用他的能力换回了自己的财富。

子：代表文化、文明。有一定的知识，年轻态。

读者朋友们如果对照自己或者伴侣的日常行为，也许会发现，大多数男人基本做足了男人格，唯有性格幽默温和这点好像有欠缺。在虹汇课堂里，周虹老师经常对虹汇女人说：现今中国范围，类似大多数虹汇家庭类型，男人基本都做足了男人格。如果你的丈夫对其他人可以做到性格幽默温和，唯独对你简单粗暴，说明男人对你有愤怒，这个情绪不是他一个人的，是你们之间的对抗性相处形成的，起码有女人一半的责任。

女人格是本书探讨的重中之重，因为女人引领家庭文化的走向，从古至今，女性主导家庭文化建设。

正确的认知：女人格——温柔、可爱、有用、性感

你的伴侣是这样的女人吗？你是这样的女人吗？

女人格之温柔

什么是温柔？男人最有发言权。

男人：温柔是女人特有的味道，这种女人味与年龄无关，甚至与外表也没有特别大的关系，就是喜欢。

男人：温柔是女人特有的武器，每次我都心甘情愿举手投降。

男人：温柔的女人安静体贴，心思稳重，不发脾气。

男人：温柔的女人有思想，孝敬老人，爱护孩子，体贴丈夫。

男人：喜欢温柔的女人，她们自立，比较注意仪表，会很在意自己在别人心中的形象。

男人：喜欢温柔的女人，她们会记得家人生日，时常给父母

公婆电话或常带孩子看他们。

男人：喜欢温柔的女人，她们了解孩子，做孩子的朋友，给孩子一个健康的身体和心理，家里是积极向上、轻松快乐的学习和生活环境。

男人：喜欢温柔的女人，她们善待丈夫，在同事、朋友和家人面前给男人留面子，给男人自己的空间。

男人：温柔的女人在男人下班后会微笑着送上一杯热茶、一句体贴的问候和一个温暖的拥抱。

男人：温柔的女人做的饭菜都很香。

男人：最喜欢的是女人的温柔，女人最能打动我的就是温柔。温柔而不造作的女人，知冷知热，知轻知重，和她在一起最令我心动。

男人：一个女人站在我们面前说上几句话，甚至不用说话，我们就能感觉出这个女人是否温柔。我们不由自主地就被温柔的她迷住了。

女性读者朋友们可以对照自己与男人的互动模式来检测自己是否具有温柔的人格模式。

女人格之可爱

男人：可爱的女人不装，纯真、开朗、面带笑容。

男人：我老婆是可爱的女人，总是惹我笑，我珍爱她像宝贝一样。

男人：可爱的女人是不让人烦恼的迷人的女子。

男人：可爱的女人心是豁达的，我会与她沟通很多事情。

男人：可爱的女人总是令家人高兴。

男人：可爱的女人是动人的，闻起来有点甜。

想要了解男人，就需要知道他们的渴望。

女人格之有用

在虹汇理念里，“有用”包含三条。

✼ 懂男人，是老公的灵魂伴侣。

✼ 懂孩子，掌握正确的养育智慧，有良好的亲子关系。

✼ 懂自我，拥有赏心悦目的常态，不断与时俱进，自我提升。

女人格之性感

✼ 性感是中国女性最缺乏的，甚至有诸多**误区**。

误区一：性感的女人是坏女人。

误区二：性感的女人都不正经。

误区三：性感的女人不靠谱。

误区四：性感的女人伤风败俗。

误区五：性感的女人肤浅、没文化。

误区六：我丈夫不喜欢性感的女人。

我们首先了解下何为性感。

性感最为直接的意思为：男人或者女人让异性人体性器官有感觉的、产生性冲动的着装或者动作。性感多以表现第二性征为主，分“露体”和“露形”两大类。露体为表露出皮肤，露形为表露出曲线特征。

据调查，男性对性感的女性是非常有兴趣的，只有极少数的男人对此表示厌恶。由此而言，性感对于女人来说是十分重要的，至少是女性魅力人格的一个重要方面。

男人：事实上，老婆天天穿一些小女孩的衣服，只让我感到她纯洁可爱，常常令我起怜悯之心，而不会使我升起性欲之火。期待她是成熟而充满性感的女人，使我心旌摇曳、性欲之火油然而生。可她只想做小女孩，我好累。

男人：生活中很少见性感的女人，是我们男人的悲哀。

男人：我不想碰我老婆，她总是花很多钱来装修房子，保养自己的车，却不懂得保养自己。皮肤松驰无光，身材臃肿走形，甚至胸部萎缩，从不锻炼身体。

男人：我发现性感的女人都关注自己、爱自己，舍得为自己花钱，这样的女性很少。大多数女人连自己都不爱，口口声声说爱丈夫孩子，她怎么有能力爱呢？

男人：性感的女人会撒娇，这样的女人最好命。

男人：性感的女人都在电影里，别有风情，举手投足总会让男人为之心动。我老婆整天蹙着眉，唠叨不休，即便是出于爱，也是负担。

性感，对于中国女性来说真是匮乏之极啊。

那么，女人怎样才能使自己性感而富有魅力呢？

✲ **正确的做法**：向内找，开发自己的性感魅力。

女性，只要你接纳自己的女性身份，心甘情愿做女人，发掘内在的女性能量之泉，温柔、可爱、有用、性感的生命潜力将喷涌而出！

虹汇课堂的肢体语言课程主要包括以下内容：

内在气质；

语言表达——包括声线、声音；

举手投足引起的感觉；

迷人的体形或健硕的外表。

女性应该经常运动身体，紧致肌肤。可以修习肚皮舞、瑜伽、太极，让每个身体部位都是独立灵活的；掌握各种脉轮呼吸方法，打通身体各个脉轮，使身体能量清透灵动。摇曳生姿，性感入魂，行胜于言。

女人格，不是一朝一夕的功力，是岁月的积淀。

婚　姻

婚姻是通往人类觉醒最近的路。

婚姻是成年人的游戏，如今的婚姻中，却满眼都是披着成人外衣的巨婴。

美满婚姻有三个要素：

一个心灵健康的人遇到另外一个心灵健康的人；

一个成熟的人遇到另外一个成熟的人；

一个内在完整的人遇到另外一个内在完整的人。

正是因为我们都不完整、不成熟、心理不健全，为了拥有健康的两性关系，才开启了婚姻这趟觉醒修行之路。

误区

误区一：婚姻就是爱情。

其实，婚姻不等于爱情，爱情是种子撒到地里后，种子发芽之前这段时间。种子发芽了，结出来的果实就是婚姻，但果实（婚姻）不等于种子，它比种子（爱情）要多，因此，只有爱情是不够的，婚姻更是人类群居的生存方式。

误区二：婚姻是两个人的结合，与其他人无关。

婚姻不仅仅是两个人的结合，更是两种不同文化的结合，是两个族群背景的结合。

误解三：婚姻分好坏。

婚姻是没有好坏之分的，关键是夫妻双方是否在婚姻中成长，不断优化婚姻质量。

正确的认知

✼ 婚姻中，懂比爱更重要。

女人：他有个初恋女友，他一喝醉酒，就提她的名字。

女人：他被确诊为动脉瘤，手术后大小便失禁，说胡话，谁都不认了。他妈妈哭着说他儿子傻了；女儿去看他，他叫一声女儿就又不认识了。

女人：我突然想到了他念念不忘的她，给她打了电话，她犹豫着来了。在她呼唤他的那一刻，他清醒过来了。

女人：很多人都说我傻，问我难道就不怕他俩旧情复发？我觉得我做了件很伟大的事，我把他的命救回来了，人与人之间应该相互信任，互相为善的。事实证明，我做得很对，我们现在比以前更相爱、更幸福。

男人：这个女人是世界上最懂我的人，为了救我命，付出了所有，拥有她是我最大的财富。至于前女友，我唯有感激，过去的就让它过去吧！

✼ 对婚姻伤害最大的不是婚外情，而是原生家庭的惯性。

近年来，我们从很多族群的婚姻模式中发现了几代人的“轮回”现象，很多人在婚姻中越活越像自己的父母，几乎完全复制了祖辈的婚姻状态，沿袭了原生家庭模式。

惯性一：只要婚姻不要男人（女人），夫妻长期离心离德，制造分床、分居的生活模式，婚姻名存实亡。

惯性二：自己一味付出，认为自己不值得、不配得，婚姻生活中长期虚耗伴侣，生命破坏力极强。

惯性三：在争吵中过日子。女性对伴侣否定、指责、抗拒、愤怒……男人承接父亲的简单粗暴，对女人冷酷无情。

惯性四：对伴侣、孩子处处掌控，动不动拿生命要挟，逼伴侣、孩子就范。

惯性五：与妈妈一样不承担、无视男人，长期不在位。自己没有妈妈，自己的孩子也没有妈妈。

惯性六：女强男弱，轻视父亲，抗拒丈夫。

惯性七：制造单亲家庭状态。

惯性八：经常家庭暴力，对伴侣、孩子拳打脚踢。

惯性九：以原生家庭为中心生活，一直不在夫妻位、父母位，现任家庭问题百出，伴侣、孩子会用不良行为吸引他（她）回家。

惯性十：卷入他人伴侣关系，只对有伴侣关系的异性感兴趣，甚至抢丈夫（妻子）前任伴侣的位置去养育别人的孩子，冷落自己的孩子，活成别人。健康、两性、亲子关系皆有重大问题。

惯性十一：承接族群疾病，身患与父母一样的疾病。

惯性十二：在伴侣关系中不断出轨，越恨谁越像谁。

惯性十三：选择一个经常出差或造成两地分居的婚姻。

惯性十四：把孩子送养、寄养或者抱养孩子，重复把伴侣和孩子推开的行为而不自知，无视伴侣与孩子的痛苦。

惯性十五：不接受自己是女人，想比男人更强，抢男人的位置，越活越像男人，年纪大了落得众叛亲离。

惯性十六：把在婚姻中的失望全部寄托在孩子身上，伸手向孩子要爱。女人把手伸向儿子，男人把手伸向女儿，在第三代制造婚姻序位混乱的隐患。

惯性十七：沿袭原生家庭恐惧模式，不孕育孩子。

惯性十八：父母是“巨婴”，孩子反哺父母。

惯性十九：严重的恋子情节，糟糕的婆媳关系。

惯性二十：对抗伴侣，掌控孩子；远离伴侣，关注孩子；冷落伴侣、孩子，守着父母。

……

太多令人震惊的现象发生，我们正在复制族群的生活模式，不断地轮回。

这就是为什么，我们明明如此相爱却无法在一起好好生活；我们明明如此努力地成长，到处上课、学习，却一回到生活里就被打回原形。

我们的家，每个人都有他的位置。如果乱了序位，违背了家族系统动力的法则，我们人生的八大关系——父母关系、伴侣关系、亲子关系、自我关系、社会关系、职业关系、金钱关系、健康状况就都会发生问题。

其中，与父母的关系，是我们一辈子的功课。

测试一下？来，先回答一些问题。

第一个问题：你最牵挂的亲人是谁？

90%的人回答是父母。

第二个问题：现任家庭生活中，你的最爱是伴侣还是孩子？

90%的人回答是孩子，而非伴侣。

第三个问题：你认为夫妻关系重要还是亲子关系重要？

80%的人回答亲子关系重要。

这样的答案很现实地反映出中国人的婚姻状态，在家排理论里，这样的序位是错乱的。在一个家庭里，排在第一序位的应该是丈夫（妻子），第二序位才是孩子，亲子关系不能凌驾于两性关系之上。两性关系是亲子关系的基石，是家庭的定海神针。

很多女人出嫁多年，更多的关注依然在自己的父母那里，陷入父母的关系里不能自拔，导致自己的现任家庭也陷入混乱。

正确的方式

✻ 家族成员各归其位。

看见自己族群的婚姻模式。

与父母和解，感恩他们给予我们生命，从原生家庭的纠缠中解脱出来。

带着觉知生活，与“内在的忧伤小孩”和解，由长大、成熟的你接管你们的生活。

输入新的健康的婚姻程序，告别“二手人生”，开启新生活！

✲ 周虹老师的“家庭序位三环”理论。

内环：现任家庭——夫妻、孩子。

二环：原生家庭——父母、伴侣父母、兄弟姐妹。

三环：亲戚、朋友、同事、同学。

生活以现任家庭为主线，以夫妻关系为第一序位，其他的关系要后退，这是健康婚姻家庭幸福的保障体系。

✲ 找他（她）的十条优势，经常赞美。

人都是这样，你怎么对待他（她），他（她）也可能会模仿着怎样对你，这种概率大约60％。

观察他（她）的五样爱好，十款爱吃的菜……尽你所能提供条件。

仅需要三个月，你想要的婚姻氛围就来了。

关于不娶不嫁

婚姻是孩子的成长环境，孩子的婚姻来自对父母生活的观察。

如今社会中有很多年轻人无法进入婚姻、两性关系，孩子们不娶不嫁的原因大致有这些：

经常看长辈打架；

看着长辈独身长大；

有女长辈因难产而死；

对父母婚姻的看法或者卷入父母关系；

对异性有看法；

不想面对性；

忠诚于某个人，伴侣位置被占领；

……

关于同性恋

从拒绝父母到拒绝繁殖。

代替异性父母给同性父母爱。

用性别作为对抗控制的工具，寻求关注。

独生子女代替同性父母、长辈的前任伴侣。

用性别实现对性别的认同。

子宫期待，从小被当作异性对待，处于忠诚认同期待。

长辈族群的性别期待。

童年生活环境在异性群，归属感性别转换。

父母角色缺乏（单亲、歧视、强势、丧偶、排除等）。

第一次性体验与同性发生，忠诚于初期模式。

原发性，母亲怀孕缺乏某种元素。

……

导致年轻人男女不娶不嫁或者朝着深深否定自己的状况发展，这些看法基本上都来自原生家庭，来自孩子对父母婚姻伴侣关系的观察和体验。

我们养孩子的目的是什么？

90％的人回答：传宗接代，养儿防老。

养孩子的目的是为了参与一个生命的成长！参与，意味着付出与欣赏。这个生命健康存在，有机会一起同行看着孩子活出他（她）自己，而非按照父母的模式去生活。所以父母幸福的婚姻对孩子是最好的祝福，是我们这一代父母的使命，这是一个善举，功德无量。

夫妻、情侣模式

阅读了前面的章节，读者朋友们大概已经明白：大多数夫妻、情侣在两性生活中没有多少自由度，人人都是族群家庭文化的传承者，我们往往为了生存而遵从父母的婚姻模式，人类有一句最古老的呐喊："爸爸妈妈，我要和你们一样！"这是忠诚，是归属，是生存之道。否则，我们就会有恐惧和罪恶感。

感恩这个时代，我们可以看清世世代代族群生活的真相，可以有机会做出选择升级我们的两性互动模式，优化两性之爱。我们接纳父母的婚姻状况，把族群原有的模式还回去，重新在生命中放入一个爱与接纳的包裹，传承给下一代。所以，我们要开启新的夫妻情侣模式。

现实生活中的夫妻、情侣不良沟通模式

争吵型

此类家庭充满了战争，一天一小吵，三天一大吵。

女人们经常这样控诉男人：他为什么这样对我？

女人：让他教我开车，他比教练还严格，在他那里我就没有做得对的地方。

男人：她对我连对教练虚心态度的一半都没有，开车这事应当严肃认真，不能拿生命开玩笑。

女人：让他教，他还真是得志便猖狂。没他我就开不了车了？

男人：让我教她开车，我说她一句，她说我十句，嫌我说话

声音太高了，嫌我态度不好……到底谁在教谁开车？

女人：我们单位的老陈教我开车，一直都在夸我开得不错，可他对我一点耐心都没有，真是让我心寒到底。

男人：教练比我严厉得多，她怎么那么听话？凭什么我一边教她，一边还要照顾她的情绪？她不知道我的大脑和身体一样紧张，她都不知道我有多累。

女人：我发誓，我永远都不会再让他教我开车，他凭什么这样对我？

男人：她什么时候能分清场合，不再耍小姐脾气？

我们发现，生活中很多夫妻都好像是任性执拗的小孩子。吵架是两个人的事情，不吵是一个人的事情。一个人停下来，就可以改善家庭氛围。

他（她）为什么这样对你？总是有原因的，即使原因不近人情、十分自私或者不能自已，也是他（她）的方式。上面例子中的这对夫妻，男人的理性、不近人情是在为老婆的安全考虑，深处是爱，而女人只是感性地想得到老公的认可，特别在乎丈夫对自己的看法，也是爱。每个人都有道理，我们每个人都不完美，我们都是在自己的不完美中生活。如果懂得了对方的真实意图，带着感恩的心和伴侣交流，结局会截然不同。

冷漠型

此类家庭没有战争，却比战争更可怕，因为夫妻双方封闭了自己，夫妻形同陌路，家庭氛围死气沉沉。

暴力型

三言两语就动手，亲人之间在肢体冲突间沟通。

互不干涉型

夫妻是最熟悉的陌生人，没有真正的沟通交流，此类家庭表面上看比较和睦，其实双方内在已经把彼此之间的关系放弃。

最佳夫妻、情侣模式

相敬相爱如宾

生活中有10%的场合需要我们相互恭敬尊重，彼此收起情绪，与伴侣完成这些社交活动。

男人：感谢你今天晚宴如此配合，给足我面子，你是最美的。

女人：应该的，这对你来说是很重要的时刻，我一定要支持啊。

如痴如醉如疯如狂

生活偶尔也需要放下所有，疯狂宣泄，最好与伴侣一起行动。

男人：孩子都回老家了，我们今晚不醉不归吧。

女人：好啊，我们一年里难得有几次独处的机会，今晚就当作“疯狂之夜”吧。

幽默挑逗如童

夫妻之间80%的互动应该保持这样的状态，没有什么正经话，沟通总是轻松搞笑。

女人：哎呀，谁家帅哥回家了，走错门了吧？

男人：哎呀，谁家小媳妇这么漂亮，怎么在我家呢？

女人：哥哥下班了，吃饭没有？

男人：小妹辛苦了，哥哥只想吃你做的饭。

女人：呀，老板回来了，饭菜已上桌，就等你了。

男人：老板娘辛苦了，给你和孩子买了好吃的。

女人：超级保姆，下午我下班晚，劳烦您去接孩子好不好呀？

男人：好啊，荣幸之至，晚上要不要派与我一样的帅哥去接你啊？

幽默挑逗如童，此类家庭是理想中的家庭状态，家庭氛围比较幽默、轻松、喜乐。天天在玩笑中完成沟通，不但夫妻没有冲突，孩子也可以与父母一起自由自在地哈哈大笑，笑声中充满了爱生活、爱学习的态度。夫妻琴瑟共鸣、妻孝子贤，财源滚滚，万事如意。

男女之间的序位

平等：听起来合情合理，深入分析就会发现根本不可能，反而会使婚姻跌入低效运转模式。

女人：孩子是我们两个的，前半夜我照看，后半夜他照看，我最恨他的是，不论孩子怎么哭闹他都无动于衷。我生多大的气，他都没事一样，躺在床上不出 10 秒就能听到他的呼噜声。他居然能在这种坏情绪中睡着？真是气死人不偿命！

男人：孩子不要我啊，我抱孩子哭，她抱孩子不哭，我真拿她没有办法，不知道她什么时候明白很多事情不可能平等，困了不让我睡，说不公平，真让我无所适从。

男人说得很对，没有绝对的平等。事事平等是妄念，男女都有自己的优势和劣势，扬长避短是婚姻的发展方向。

防御：生活中有很多朋友从原生家庭承接了不安全感，疑心病很重，经常忍不住要去证实对伴侣的猜忌是真的，想找到可靠的证据去证实自我的判断是正确的。这样的现象女性居多，男性也有。女人被称作“盯管跟”，一旦怀疑丈夫就采取盯紧、管控、跟踪等措施来证明自己。起心动念是真正的物质力量，猜忌会推动婚外情的发生，这是婚姻状况的运作规律。信任也是巨大的物质力量，这才是夫妻情侣相处的正道。

女人：你今天又去哪里了？身上怎么有香水味？

男人：你烦不烦啊，每天都是疑神疑鬼。

女人：你今天必须给我说清楚！

男人：好好好，这个家我是待不下去了，我走！

气急败坏摔门而出的男人此刻会去哪里呢？——照着妻子“期待”的方向而去。所以，防御是诅咒，推动婚姻踏上不归途。

崇拜：指女人崇拜男人。很多朋友是不接受这个理念的，下面以一个重要的婚姻要素举例说明这个重要的关系序位——性。男人的身体疲软无力是现今婚姻中非常普遍的现象。床上的妻子太强大，男人感受着妻子嫌弃、抗拒的能量，仰望着妻子庞大冰冷的身躯，感到自己越来越渺小。

被崇拜的男人对女人有强烈的征服欲，性生活和谐美满，一切都不是问题。

来看看维多利亚女王的真实故事。

女王新婚之际，一天，下朝回来，发现卧室门紧锁。

女王敲门。

女王的丈夫：谁？

女王：女王！

房门紧锁，没有动静。

不愧是征服世界的女王，她心头一热：感恩上帝，派来一个不怕我的男人。我是女王，世界上唯一要被我崇拜的男人就是我的丈夫啊。

她又轻轻敲门。

女王的丈夫：谁？

女王：你的维多利亚回来了。

房门打开了，卧室里是一个被崇拜的男人和愿意被征服的小女人。

家里、卧室里不可以有女王！家，就是家。卧室，唯有赤条条的男人和女人。

女人，无论多么有本事，回家要“换频道”，从社会身份中回归普通妻子小女人的位置，家庭事业可以双丰收。

男人，多多修习运用肢体语言和爱抚给女人肯定，远比跟她理论和讲道理有用，身心灵沟通水到渠成，家和万事兴。

性

在中国，谈性色变。对性话题，大家讳莫如深，不愿意探索。

性的误区

误区一：很多女性认为性是丑陋肮脏的。这个观念让很多女人羞于谈性。

误区二：性是可怕的，总是带来伤害，很多朋友甚至因此不愿意过夫妻生活。

误区三：性是随便的，无所谓的。

误区四：痴迷性，只关注性。

误区五：性是禁区，绝口不提。

误区六：性生活就是为了传宗接代，有了孩子就不需要了。

误区七：女人错误认为爱比性更重要，男人反之。

误区八：大多女人把性看作维系两性关系忠诚的唯一防线，男人只要有其他性行为，女人就认为是遭到了背叛，然后坚决结束夫妻关系，把不忠的责任全部推给男人——守住身体，就算赢。

误区九：男性容易发生婚外性行为。

美好的性生活不仅仅是传宗接代，而是享受性带给我们的愉悦，增进夫妻感情。性爱是生命的一种享乐。最深层次的性，带着最深层次的灵魂碰撞和链接！在两性关系中，性与爱同等重要，在离婚夫妻中，性生活的不和谐占有很大的比重。

对性爱的正确态度

关于身体

双方都要向对方开放自己的身体，无须否定自己或者他人的身体。从小到大对自身的否定造成很多人在性生活中的障碍和羞愧，自身的疗愈是个系统工程。

女人：亲爱的，原来身体是我们两个享受性爱最大的筹码，我要保持运动状态，锻炼身体、紧致肌肤，不在你面前躲躲闪闪。

男人：真的吗？老婆，我给你买了情趣内衣，不敢给你，怕你骂我不正经。

女人：哇，我想去买又不好意思，就喜欢你不正经，现在我就换上。

要勇敢解决自己的限制和障碍

女人：老公，我害怕你看我的身体，是因为剖腹产的疤痕，那时不知道爱惜身体、尊重身体，选择了剖腹产。现在才知道，有魅力的身体对女人来说多么重要。

男人：我有个主意。我陪你去纹上一个图案好不好？既好看又性感。

女人：你这么开通啊，好吧，一下子事半功倍。

性是长长久久的享乐

女人：老公，我们都老了，没有自信了，你是否一样没有“性趣”了呀？

男人：我才不呢，“性趣”盎然。年轻人身体是优越，但性和年轻却不是必然的最佳组合。女人味十足的你比年轻时更有风情呢。

女人：我们可以尝试新鲜的方式吗？

男人：就喜欢你这样坏坏的，走，换场地！

经常与身体链接

在虹汇课程中有个作业是每个人沐浴后要经常检查自己的身体，看我们的每一寸肌肤，检查每个身体器官是否在位，是否有身体器官萎缩、变形。

研究发现：

生活中不在位的人，身体器官也不在位。

内心痛苦绝望的人，身体可能有的部位萎缩。

父母有性别期待的人，身体性别器官可能不发育。

老人养大的人，体型姿态可能与老年人一样。

有轻生念头的人，身体肌肉可能有坏死。

接纳父母性别期待的人，四肢和器官有时竟然同时表现出两个性别的特征。

……

这些，都是影响性生活的重要因素。

正确的方式：经常关注自己的身体并且与其紧密链接。

女人：我要接纳自己的身体，与身体链接，我是活的，身体也是活的，它们会感受我的爱，我要让乳房二次发育，让胳膊上的拜拜肉消失。与身体一起训练，很多姐妹都成功了。

男人：我们两个以前都不爱惜身体，我从来不看身体，因为不敢看啊。放弃了身体，也就放弃了我们自己。

女人：以后要经常看，才能提醒我们身体状态不会在无知无觉中更加恶化。

男人：好，以后我听话，你是我的宝，一起运动起来。

开发肢体语言示爱

肢体语言示爱是虹汇课程的内容之一，在家里，女人们在男人面前的常态示爱动作有：

蹲下站起时要先翘臀站起。

扫地要运用腰肢缓慢摇动。

捡地上东西时，曲线弯腰、翘臀站起。

胸痛、腰酸时，妖娆扭动向男人求助。

穿裤子时拉长躯体，扭动臀部腰腹上提裤子。

生活中随时随地保持轻、缓、柔、美。

神秘是性吸引的最高境界

经常与伴侣保持拍拖状态，找机会和伴侣单独相处，去旅行、散心。

女人：老公，今晚8点有约会，正装，准时到。

男人：好的，遵命。

男人准时赴约，看到太太一个人在等他。

女人：先生，请问你贵姓？

男人：搞什么鬼？其他人呢？

女人：今天没有其他人，是你我的单独约会，请问先生贵姓？

男人：好刺激啊！

两个人如同初识的单身男女，度过了浪漫疯狂之夜。

怀着逗引的心情和眼神与爱人相处。

女人：让我仔细看一遍你的脸，怎么越看越帅呢？

男人：是啊，我也发现你有很大变化，无论外面和里面，我好喜欢啊。

性的最高境界，无声胜有声。

女人：来，跟我最爱的人分享一下我下个阶段的梦想。

男人：我们约会吧，我有礼物送你。

女人：以后，我不要将感恩藏在心里了，感谢你，我的男人！你陪伴我度过了很多困境，你是我生命里的贵人，我要让你知道我有多么爱你。

男人：来吧，不说话了……

婚外情

生命中最大的幸福就是相信自己的被爱，
完全是因为我们的本色，
或者说尽管我们是这样的人，
依旧被爱。

——维克多·雨果

发生婚外情，我们就崩溃了，无论男人还是女人。

关于婚外情的误区

误区一：很多女人是“自毁”思维，当她发现丈夫有婚外情，立即想到的就是丈夫抛弃她了。

误区二：伴侣不忠就是对我们所有的欺骗；因为伴侣曾经告诉我们绝不会爱第二个人。此刻，很多人觉得从一开始，伴侣就是在欺骗，否定伴侣的所有。

误区三：认为自己很悲惨，和这个人生活这么多年，他（她）竟然不忠诚。绝望、愤怒、诅咒，其实伤害的都是自己。

误区四：认为男人比女人花心，其实男人女人一样花心。女人的精神出轨比男人的身体出轨更普遍，甚至对婚姻关系的伤害更大，因为精神出轨更隐性，对婚姻的侵蚀更深。

婚外情是伤害，但是这些错误的认知带来的痛苦是由当事人所操控的，痛苦的大小由自己的“小我”决定。

对同样的事情，看法不同，对家庭生活走向的影响大相径庭。

对待婚外情的正确态度

把婚外情当作礼物

很多人在浑浑噩噩中走过婚姻生活，甚至是一条道走到黑！伴侣千呼万唤没有回应，唯有婚外情的痛让他（她）清醒，让他（她）思索：

我的生活怎么了？

我怎么了？

他（她）怎么了？

孩子怎么了？

多年观察发现，伴侣的婚外情有两个发展方向：

正确的方向——挽救了婚姻，挽救了生活，成长了自己，生活方方面面往成功、健康、喜乐方向发展，这段情缘是赚的！

错误的方向——看似解脱，其实毁灭一切，甚至往报复的方向发展。伴侣、自己、第三者、孩子全部备受煎熬，甚至很多人不停结婚、离婚，重复一次次伤害。

不要去攻击

失去理智时，我们会攻击不忠的伴侣："你怎么和这种人在一块儿！"这样的攻击会引发伴侣走得更远，因为这样会消除他（她）的内疚感，更觉得无所谓了。关于第三方，阅读了前面的章节，你应该能够发现，很多人会不自觉地卷入他人婚姻伴侣关系，他（她）们也很痛苦，无法自拔。很多课程现场，我们看到一些跌入"花心"生活状态里无法自拔、痛苦不堪的男人、女人在向老师寻求帮助，他们也不想成为令社会唾弃的人。

不扩散

人都是很在意自己的面子和尊严的，如果你推倒了最后一道防线，就会引发双方更疯狂的冲突和伤害。

不着急求结果

理智地把快速解决问题和让对方解释的念头放下，给自己一个机会，也给对方一个机会去冷静观照生活，把注意力集中在自我探索上，那么也许双方都会发现，婚外情是礼物，让我们每个人重新过活。

像亲人一样去思考和处理

亲情比爱情更"铁"。爱情的高浓度期大约只有 180 天，过去之后，剩下的就是浓浓的亲情，我们是相亲相爱一家人。你应该和你伴侣的关系更铁，比别的任何人都更铁。

克林顿与希拉里就是个很好的例子，克林顿的事情全世界都知道，希拉里为什么不离婚？因为希拉里的妈妈说：“希拉里，你应该原谅他，因为你嫁给了全世界最优秀的男人。”人无完人，这是遵循人性。如今，他们依然在一起，他们是伴侣，也是工作伙伴。

深度探索人类不忠的缘由

家庭的格局是结局！

一个人是否可信、可靠，在乎家族人格和诚信，是否对行为和纵欲负责任。其实我们没有资格判断伴侣的道德，要求伴侣按照自己的意愿改变。转化自己的看法更重要，社会上到处是注定不幸的诅咒，鲜有看见伴侣苦难的慈悲。

在虹汇家排现场，我们看到很多孩子从小到大从未见过忠诚！妈妈们要不就守在原生家庭，要不就游离于婚姻之外，就是看不到妈妈对丈夫、孩子的忠诚。孩子长大以后又如何忠诚？

一个女人生“二宝”时，发现老公有时夜里不回家了，白天即使在家也心不在焉。女人很爱他，经常成长的她意识到关系中的问题永远不是一个人的，自己身上有问题存在。于是女人开始跟随周虹老师学习，从内心深处丰富自己，像一条小溪慢慢有了些宽度，她执着地爱上了自己：运动，让自己赏心悦目；懂自己的老公，体恤他的感受，用心做他爱吃的菜，与老公深度沟通，不久后，家里增添了许多老公喜欢的绿植。男人感受到了女人的变化，向女人敞开心扉：自己离不开家，深爱着她，但同时也深爱着另外一个女人。女人听完后没有失控，毕竟他不再隐瞒。

通过家排看到，男人的不忠来源于他的原生家庭和与父母的互动模式。男人对母亲的渴望从未满足，他的“花心”在深层次是一直在找妈妈，他把对母亲的期待投射在遇到的所有女性身上，每段关系都很浅，每一次都是失望离开。那些女人满足不了他，他也不可能满足那些女人。

在虹汇学习之后，女人有了看见的能力。了解创造慈悲，对男人的折腾，她以爱和接纳对待，感恩生命中发生的一切，同时不断完善自己。如今，男人早已回归，他们成了彼此的灵魂伴侣。

男人：你还恨我吗？

女人：一直以为爱的背面是恨，通过学习，我更清楚爱的背面是恐惧。恨其实是害怕失去你，现在我不怕失去你了。

男人：那如果我现在又走了呢？

女人：我会活好自己，养好我们的孩子。

男人：如今我不折腾了，你不在乎我了吗？

女人：在乎啊，只是想清楚了我们来这个世界是干什么的——享受生活、体验人生。生活怎么来，我就怎么过。我们生活在一个不完美的地球上，生活在不完美的国家，有一个不完美的婚姻，我嫁了一个不完美的男人。我，也不完美！

男人：其实走到哪里，其他女人的出现都是在为你加分啊！你是我唯一的太太。我现在回来了，要真正做你的丈夫！

他们真的很幸运，夫妻双方都解脱了族群婚姻模式，开启了新的更加优化的夫妻之道。

夫妻关系恶化时如何对孩子说

不要在孩子面前相互诋毁

每一个射向伴侣的毒箭都会首先穿过孩子。

对孩子实话实说

父母：孩子，我们之间的问题和你没有一点儿关系，不是因为你学习不好，也不是因为你是女孩，更不是因为你惹爸爸妈妈生气了，我们只会更爱你。你不是想让爸爸妈妈周六、周日陪你玩吗？我们保证做到。

父母：我和你妈妈之间有一些问题，我们要分开过一段时间，但是，爸爸妈妈对你的爱不会改变。

妈妈：你的爸爸可能不是好丈夫，但永远是你的好爸爸。

爸爸：你的妈妈可能不是好妻子，但她是个难得的好母亲。

婚外情发生以后的思考：我嫁错(娶错)了吗?

我爱错人了吗？很多人在婚后认为自己错爱了，后悔当初的选择，然而，我们真的爱错了吗？

没有人会爱错，你选择爱人时背后是有家族动力的。每个女人或者男人都会按照自己父母的婚姻模式来选择自己的爱人。我们的婚姻是父母婚姻的延续，所以我们经常发现女人越来越像自己的母亲，丈夫越来越像女人的父亲；而男人越来越像自己的父亲，妻子越来越像男人的母亲。

按照吸引力法则，你的所有都是你吸引过来的，你的伴侣对你来说也是最适合你的。对应命运的是归属感！你怎样，便会遇上怎样的人，这是千千万万父母祖先沿袭下来的活法。在这个大时代，要怎么活都是你的选择，命运没有亏欠任何人。未来怎样活，只要你懂得了爱与接纳，会有一股巨大的力量顺应你的心推你一把，命运的激流把你推到哪里都是正确的。

单身与再婚

他（她）为何离开？离婚的夫妻或者分手的情侣没有几对能够真正清晰地回答这个问题。这个问题是如此的重要，只有回答了它，才能在下一段关系里不再重复离开。

恢复单身生活以后不要马上迅速投入下一段恋情，特别是单亲家庭，更应该搞清楚自己，才能回答他（她）为何离开。

误区

女人：他（她）为何离开？因为他有了其他的女人，他是个十恶不赦的男人，他抛弃了我和孩子。离开无所谓，离就离呗。

男人：我为何离开？刚结婚那会，我们确实比较幸福，我认为我找了一个好媳妇。她温柔，善良，很能干。可后来怎么就变了呢？她总是指责我这也做不好，那也做不好，后来就变成了冷战，根本就不沟通。这样的日子有什么幸福可言？有时候下了班无处可去，我宁愿一个人开车在外面转到夜里两三点再回去，也不愿意看她冷漠的表情。这个家我没有任何留恋，我选择净身出户。

两年以后，女人不断学习看清了真相。事情还是原来的事情，女人的看法变了。

女人发现男人离开是好事，让自己有机会反省，促使自己成长，过更好的日子；看清自己离婚的深层原因，是每个人带有家族的模式，两个人都身不由己。

于是，女人写出了这段文字。

他为何离开？

他为何离开？因为我习惯孤独，从小到大与父母几乎无沟通交流，村上也没有同龄的女孩，本来就不知道沟通表达，时间久了就沉默不说了。结婚后，更加的孤独，我不想也不会沟通，我的生活里没有安排男人的位置。

他为何离开？因为这是我潜意识期待的。我一直寻求父母关注，方式很特殊——折磨自己，离婚就让他们不得不关注我，而不是只关注弟弟。

他为何离开？因为我非常自我，从不关注他，经常一个人沉浸在自己的世界里，看不到任何人，只在乎自己的感受，比如我愤怒，我不舒服，我生气……

他为何离开？因为我十分麻木，看不见、听不见、没感觉、冷漠。我与家族中已故的亲人链接很深，死亡对我有吸引力。

他为何离开？因为我早就预料到了。我自卑，我认为自己一无是处，总觉得自己配不上身边这个优秀的男人。由于自卑，我想要控制身边这个男人，当时和他在一起，也是因为我认为自己可以掌控他。

他为何离开？因为离婚是我吸引来的，这是我生命中的破坏力。我歧视男人，认为男人不好，不会有男人能和我生活一辈子，甚至认为我的生活中可以没有男人。

他为何离开？因为我有修女情节，儿时的梦想是长大之后当修女。婚姻出现问题时，我不想面对，想逃避生活一个人过，马上逃离婚姻。

他为何离开？因为我爱哭。谁愿意与一个天天哭的女人生活在一起？在我长大的过程中，遇到委屈，总是泪水肆意，潜意识里是想用哭、委屈自己、折磨自己来引起别人关注。离婚后的那段时间，我把自虐发挥到了极致，大哭，三更半夜不睡。

他为何离开？因为我的族群动力。印象中，爸妈老是吵架，却都是因为鸡毛蒜皮的小事，我心中反感，却也无奈，印象最深的两次是在我20岁前后，爸爸由于生气把妈妈按到地上打。我很无助。爸爸经常说妈妈没有眼色，眼里没活，像对待女儿一样跟在妈妈后面唠叨，说妈妈这个乱放，那个没做，家里又脏又乱……我一方面同情妈妈，但也承接了妈妈的“看不见”，麻木；另一方面也怪爸爸老是指责妈妈。在我自己的婚姻当中，我却成了爸爸，对爱人指手画脚、苛刻、挑剔、指责，我是个女人，却站在了家里男人的位置上，对家里真正的男人弃如敝履，不尊重他，视他为鸡肋。

他为何离开？因为他已经对我彻底失望。我只是一个人在生活。最典型的就是离婚这件事，我也是一个人决定的，不跟任何人商量，离婚一个月我才告诉家里人。我视婚姻如儿戏，潜意识里我恐惧婚姻，认为婚姻会不幸，男人都不好，男人早晚会离开我。果真，如我所愿。

我是谁？

过去的我是一个对生活有极大破坏力的女人。

如今的我是一个助人者。

我从哪里来？

我从一个不接受自己性别，期待成为男人，期待自己比男人更强的原生家庭而来。

我要到哪里去？

我要成为一个嫁给谁都幸福的人，不再把幸福绑架在其他人身上。

我要成为一个真女人，我要真正进入人生八大关系。

在诸多身份中，我又多了一个有价值的身份——助人者，帮助沉浸在离婚伤痛中的女人脱离苦海，为单亲家庭服务，帮他们走出阴影，看见希望，这是生活赐予我的使命。

感恩生活，感恩这个男人用如此决绝的方式唤醒我看清自己，获得重生，他是我生命里的贵人。

女人如今已经开始了新的伴侣关系，前夫也有了新家庭和孩子。两个家庭可以良好地沟通互动，孩子感受到更多人的爱和接纳，她的爱情、事业蒸蒸日上。

再婚(复婚)重组家庭准备

孩子的归属（抚养权）

不随意给孩子改姓，孩子永远归属父系族群。

不可以将孩子占为己有。

放弃抚养权证明你放弃了这个位置和角色。

与前任有和解

不再以恨的方式与对方纠缠链接在一起。

真诚祝福前任伴侣，内心认可自己也有错。

对现任伴侣的前任伴侣尊重

重组家庭的序位：

序位一：现任伴侣在先。

序位二：现任伴侣的前任伴侣在先。

序位三：他们的孩子在先（这个孩子的教育你不能插手）。

序位四：你的位置在这里。

序位五：你孩子的位置在这里。

关于称呼

称呼取决于孩子，不强求，不能冒犯前任。

更换场域

居住环境最好更换、搬离或者重新装修。

在孩子面前谨言慎行

不要与孩子有过多身体接触。

足够的耐心

用耐心迎接新的复杂的亲属关系。

自　爱

自爱是什么？

每个自然人都是爱，人类就是爱本身。

如今，人类如同乞丐一样到处去祈求他人施舍点爱给自己，在关系里乞求伴侣多给一些爱，再多给一些爱吧。得不到就怨天尤人、自怨自艾，仰天长叹命运多舛。无论拥有多少金钱，内在的贫瘠无法隐藏。

明明是一个富有爱的施予者，却活成爱的乞丐，在社会关系中到处乞讨。

我们，是该回归人类本真的时候了。

误区

误区一：自爱就是自私。

误区二：自爱就是自恋。

误区三：自爱就是走自己的路。

误区四：自爱就是遇到不爱自己的人马上离开。

误区五：自爱就是与不能接受的人和事抗争。

误区六：自爱就是忍。

……

太多的误区让我们与生命的元气——自爱，渐行渐远。

正确的方式：凡事以“爱”为方向发展生活

举个例子说明。

西方国家，车祸现场，孩子遇难身亡。

父母赶来，消防员警察会拦住他们：你们不能过去，你们知道的，真的不能过去……

父母会听从，他们知道这是个善意的劝阻，不会使劲挣脱面前的人，他们会在远处朝向孩子哭泣：我的孩子啊……

也许他们会在入殓师替孩子的遗体整容完成以后去看孩子，这是人道。

人类的文明在此刻彰显得淋漓尽致。

此时跑过去看，一定能够看到事实真相。但是，在未来的岁月，父母就无法过活啊。闭上眼睛，孩子身亡的惨状浮现脑海，张开眼睛，凄惨的画面就在眼前，日子可怎么过啊？不失控跑过去看，是“以爱为方向发展”在生活中的实施。

没人可以在看到孩子那样的惨状后还可以幸福，没有！

所以，对于人类来说，不追逐伤害，就是自爱！除非你允许，没有谁能够伤害你！

如果这个理念你能够接受，下面的故事就可以理解了。举个伴侣关系的例子。

有人敲门，女人去开门，门口站了一位年轻女孩。

女孩：你是张三的老婆吗？

女人：是的，有什么事？

女孩：我是他现在心爱的人，他爱我，我有照片为证。

女人：今天是不是愚人节啊？你走吧，我不会看的。

女人迅速关上门。女孩子傻了，不停地敲门狂吼。

女孩：你为什么不和他分开，我们是真的相爱，他真的背叛你了！

女人沉默着，女孩子哭着离开……

女人告诫自己不能看，更不能让女孩子进门细说详情。

爱自己，彰显在此刻。关键是，成熟女性甚至能够看见女孩子的苦难。了解创造慈悲，对自己，对他人……

看了那些照片，每张照片都是一把插在心里的尖刀，在未来都是无法抹去的伤害，每一张照片都将是一个永远无法愈合的伤口，往外渗着鲜红的血。

看，一定能看到真相。同时，看，也是毁灭自己最有效的武器，是自害！

不看，保护自己在未来岁月中记忆图像的平和，是自爱；

不看，把对自己的伤害减到最低，不助力摧毁自己，是自爱；

不看，把伤害屏蔽在生命之外，是自爱；

不看，是对自己和他人最大的慈悲，是自爱。

看到这里，朋友们肯定认为很少有人能够做到，达到这个境界真的很难。是的，我们很容易就会失控地冲进伤害中不能自拔——自爱，太难！

这个世界，追逐伤害的人多，追逐自爱的人少。你，何去何从？无论如何，你的孩子都将跟随你的脚步。

世事无常，人类的情感世界更是风云突变难以捉摸。没有哪一个人可以在各种各样的关系里完满永恒，特别是在伴侣关系里。

世界上到底有没有真正永恒的爱呢？

有！就是自爱！

永恒的爱情不需要向外找，它就在你的生命里。你就是那永恒的爱情，你永远爱着你自己，你的身体无论怎样都支撑着你，无论多少岁月，你都时刻陪伴着你自己，没有谁比你更懂你自己，更没有谁比你更爱你自己。

只要你永远爱着你自己，就意味着永恒的爱一生一世伴随你。

你是爱的本源，源源不断的爱就在你的生命里。

活出你的爱，你就是爱的饕餮盛宴。

你的爱不仅滋养着你自己，还滋养着所有人。

你是施予爱的人，也是接受爱的人。

你，就是爱本身，你就是人类真正永恒美好的爱。

你爱人人，人人也爱你！

第三堂课

爱上学习，爱上写作业

学习是一辈子的事情，而不是通常所认为的 7 岁上学之后，真正的学习从胎儿期就开始了。

本章我们一起探讨如何让孩子爱上学习，爱上写作业。

重识“学习”

读者朋友们，请不要思考，直接回答：在您的心目中“学习”是什么？您和孩子因为“学习”起过冲突吗？

学习的误区

以下这些误区和您是否相关？

误区一：学习就是学校的作业，是学习成绩。

误区二：书本知识的学习才是学习。

误区三：学习是从上了学才开始的。

误区四：学习本来就是苦。

误区五：学习成绩不好就是因为孩子自己不爱学习。

以上这类父母基本可以判定为：幼年记忆中学习吃力，自身归属于“学习困难户”，自身潜意识对学习的恐惧引发对孩子学习的焦虑和破坏性，结果往往是孩子越来越排斥学习。

这其中的真相是孩子在配合父母的潜意识，甚至是跟随父母的归属，做“学习困难户”。

生活中，这样的场景几乎每天都在上演……

妈妈：孩子，作业写完了吗？

孩子：还没呢。

妈妈：赶紧写作业去。

孩子：让我先玩一会儿再写吧？

妈妈：别磨蹭，抓紧时间。你还有课外班的作业呢，来，妈妈陪你一起做。

孩子无奈，不情愿地走进房间开始极低效率地学习，甚至“磨洋工”。

虹汇家排场上，学习代表的表达惊人一致：

学习代表：我不喜欢这家的爸爸妈妈，夹在孩子和他们中间我很不舒服！

学习代表：我感觉我和爸爸妈妈没有关系，他们掺和进来我就想要离开。

学习代表：这个家总是因为我争吵，我很委屈。

学习代表：我和孩子本来就是在一起的，是爸爸妈妈让我们分开的！

这些才是孩子厌学、辍学的真正原因。

什么是真正的学习？如何让孩子真正爱上学习、爱上写作业呢？

正确的认知

学习是一辈子的事，孩子天生都爱学习。

妈妈：邻居家又在打孩子了，又是因为孩子学习。

爸爸：可怜的孩子，这是父母自身的狭隘啊，学习是人类一

辈子都要做的事，是从胎儿期就有的，现在就把孩子的热情打下去，会让孩子走更多弯路啊。

妈妈：是啊，咱们成年人越来越脆弱，动不动就抓狂动手，反倒越来越像个孩子了。老公，我特别感谢你和我一起提前学习育儿知识，和我一起陪伴孩子成长，相信咱们的宝贝一生都会享受学习带来的喜乐。

爸爸：老婆，我们一起。

孩子的学习涵盖生活中的方方面面，比如生活能力、生存能力的学习，还有各种技能和书本知识的学习。

每个孩子都有学习的潜力，学习的差异往往只是因为孩子的家庭文化不同而已。

从现在开始，我们给孩子换标签：孩子天生爱学习！

孩子人生需求八大支柱

智慧的家长把学习涵盖生活当中，生活的意义实现，学习的意义自然实现。如何让孩子自己自动运转实现生活的意义呢？

父母要读懂自己的孩子、了解孩子的需求，孩子的人生大厦是烂尾楼还是一座摩天大楼，就看父母是否满足孩子生活、学习中的重要需求，稳健有力地支撑起他（她）的生命。

经多年观察总结，周虹老师多次发表关于“孩子人生需求八大支柱”的学说。

家庭团队尊重的需求

误区

误区一： 家长是权威，孩子必须听家长的。

误区二： 孩子小，不需要尊重孩子的意见。

爸爸：今天爸爸有时间，我们谈谈吧。

孩子：我已经和同学有约了。

爸爸：你们明天再玩，听爸爸话。

孩子：我不想和你一起。

妈妈：哪来那么多废话？爸爸好不容易有时间。

孩子：……（满脸委屈）

父母权威，孩子无奈。当您忧心孩子逆来顺受或叛逆无理时，回忆下以上场景是否在你家上演过？

正确的方式

爸爸：今天周六，爸爸有时间，你愿意爸爸陪你吗？

孩子：我已经约好朋友一起玩了。

妈妈：你和朋友玩到几点？我们计划一下我们的时间。

孩子：好，我上午和朋友玩，下午和爸爸一起。

爸爸：好，我们下午几点出发？

孩子：三点吧。

父母尊重孩子选择，皆大欢喜。

父母尊重孩子，孩子也能感受到父母的爱。泛化到学校成绩，即便是成绩有起伏，孩子也不会受到打击，而是被接纳、被鼓励的；孩子想独处时，是不被打扰的，是被允许的；有同学来玩时，孩子是不被干涉的，朋友是不被父母评判的……孩子得到尊重，也会更加尊重自己的父母。

零花钱的需求

误区

误区一：担心给孩子零花钱，孩子会乱花。

误区二：家庭物质生活已满足，认为孩子不再需要零花钱。

正确的方式：固定发放，自由支配

✲ 固定时间发放零花钱，不会因为钱的问题影响课堂注意力集中和日常情绪。

✲ 引导孩子从做家务活开始赚钱，支持不干涉孩子支配自己的金钱。

孩子：妈妈，今天是周几呀？

妈妈：今天周日呀。哦……我想起来了，发零花钱的时间到了。

爸爸：哈哈，要是单位领导到了发钱的时候不给发，咱也着急啊。

妈妈：对不起，孩子，马上发。

青春期阶段的孩子更需要有自己可以支配的零用钱，同学间交往、自己的日常消费等，让孩子感受到自己是富足的，孩子也自我定位是富足的。这样的定位会影响到孩子在学校课堂上的注意力、人际关系、学习，这就是青春期阶段孩子的一种从众心理。

所以，父母一定要充分重视零花钱的问题。有序的零花钱发放制度使家庭运转正常，不会出现孩子偷拿大人的钱，不影响孩子学习生活。

孩子人际交往的需求

误区

误区一： 认为孩子的重心是学习，不需要人际交往。

误区二： 担心自己孩子交友不慎，学坏。

误区三： 担心自己孩子交异性朋友，早恋。

正确的方式：尊重、放手、信任、支持

✲ 满足孩子人际发展和空间需要。

✲ 要相信孩子的能力，尊重孩子的朋友。

✲ 给孩子足够的爱与支持。

孩子：妈妈，我想跟小朋友玩。

妈妈：好啊，咱们去游乐场。

孩子：妈妈，今天交了好多新朋友，我好开心呀！

孩子从小融入小团队。

孩子需要玩伴，在玩耍中学习人际交往能力，学习与别人沟通交流能力。

对于青春期阶段的孩子，人际交往的需求非常重要。很多父母不允许孩子和异性同学交往，其实这反而助推了父母不希望看到的影响学习或者早恋等现象。那些成功早恋的孩子，都是因为家里缺失爱，所以孩子会向外去寻求爱。只要家里爱的浓度足够高，孩子就会成熟地处理自己的人际关系。

玩要的需求

误区

误区一：孩子不能玩电子产品，容易上瘾。

误区二：不信任孩子能管理好自己玩要的时间。

正确的方式：约定时间，引导自律

✼ 孩子可以玩电子产品，有固定玩要时间。

✼ 尊重信任孩子玩的权利，玩乐是人生重要的目的和意义。

看电视。

孩子：妈妈，我开始看动画片了。

妈妈：可以，你自己定好时间。

孩子：好，咱们定好的半个小时。

妈妈：我相信你。

玩电脑游戏。

孩子：爸爸，今天周五，我已经写完一半作业了，想玩电脑。

爸爸：可以，一周四个小时，你定好时间，自己安排吧。

孩子：我知道，爸爸，我今天准备玩一个小时，定过时间了。

爸爸：好，爸爸相信你。

在虹汇，我们培养出来一大批这样诚实守信的孩子。

准时关机，孩子自律，父母轻松。孩子需要有玩电脑时间、户外活动时间、运动时间。孩子不能够总处在紧绷弦的状态，孩子的生活里不是只有课业，需要丰富多彩的生活安排以及适量的运动来释放情绪、排解压力，这样更能激发孩子学习的动力。

自我价值的需求

误区

误区一：自我价值是成人考虑的事情。

误区二：父母只用学习成绩的高低体现孩子在生活中的价值。

误区三：认为孩子参与班级事务是浪费时间。

正确的方式

✲ 满足孩子在学校的价值需求，鼓励孩子参与班干部竞选。

✲ 满足孩子在班级的价值需求，鼓励孩子参与代表班级的活动。

✲ 满足孩子在社会的价值需求，鼓励孩子参与社会活动，建立集体团队价值意识。

孩子在学校这个团队中，需要有大小职务的锻炼，孩子具有领导力、责任感，在老师、同学中受欢迎，被团队尊重、认可，孩子自我价值感强，会产生一种向上向好的内在动力。孩子对自己的定位，就是他（她）内在自我价值的体现，这在孩子生命里是非常重要的，它甚至会决定孩子是否会持续喜欢学习。

父母和谐相处的需求

误区

误区一：认为亲子关系大于夫妻关系。

误区二：父母恩爱与孩子学习无关系。

妈妈：孩子，你怎么越来越像你爸那样拖沓？

孩子：……

妈妈：你怎么这么不争气？像你爸爸一样。

孩子：……（沉重地低下了头）。

爸爸：看你房间像猪窝，和你妈一样邋遢。

孩子：我妈还不是你挑的？

爸爸：哪儿来那么多废话？与你妈一样不知悔改。

父母争吵不休。

孩子关门反锁。

正确的方式：满足孩子对家庭氛围需求的渴望

父母恩爱就是对孩子最好的祝福，也是孩子热爱学习生活的最好支撑。

妈妈：孩子，你真了不起，和你爸爸一样诚信守时。

孩子：我也佩服爸爸。

爸爸：孩子，你真棒，你跟妈妈一样爱读书。

孩子：那当然喽！

孩子的一半来自父亲，一半来自母亲，父母恩爱，相互认可，孩子接收到来自父母的信息，内在对自己也是认可的，是完整的，不会有分裂。

父母关系紧张会影响亲子关系出现敌对问题，进而导致孩子出现行为问题。一些“问题少年”的出现，多来源于父母关系不和谐，他（她）们的反常行为是为了引起父母的更多关注。父母若天天“冷战”、吵架、对抗，直接影响的就是孩子。多年观察，总结如下：

很多辍学的孩子，父母关系极其恶化。

早恋的孩子，父母不在位。

厌学的孩子，父母之间状况频发。

孩子没有问题，孩子背负的都是父母的问题。孩子是父母生命状态的复印件，修正原件，复印件就没有问题了。

女人引领家庭文化。女人要先归位，归妻子位、归母亲位。

做好妻子角色，崇拜老公，两性关系和谐。

归妈妈位，做永远支持认可孩子的好妈妈，用心做好每一餐，家居环境干净整洁，让孩子感受到家里爱的氛围。

父母恩爱，这种和谐温暖的家庭氛围，会感染到孩子，增强孩子的安全感。不管孩子在哪里，想起家，孩子心安定、有力量、心无旁骛，才会专注地做自己的事情。

个体优势发展需求的满足

什么是优势？就是孩子做得比别人优秀的，别人没有的，长大后可以用来安身立命、养家糊口的才能。

一位虹汇宝宝，6 岁习字，会书写 4 种字体书法，隶书是他的强项，春节书写的春联曾赚了 300 元，孩子很自豪。因为孩子的这项优势在竞选班干部时出过彩；因为这项优势，孩子被更多人关注。优势，让孩子更自信；优势，让孩子将来财源滚滚。关注孩子个体优势的发展，这是孩子未来安身立命的成功之道。

优势，让孩子在学业受挫时仍认可、相信自己，支撑自己继续发展学习生活。

学习成绩稳定、进步、保持的需求

当有了前七个支柱的支撑后，孩子的人生大厦便基本没有了危险，不会出现摇摇欲坠的状况。其他支柱撑起来，学习的支柱自然是稳定的，不会轻易倒塌。反之，只强调学习，一根单薄的支柱根本无法支撑孩子的生命，父母与孩子都天天提心吊胆。

如果孩子人生八大支柱起码有四根支柱是稳定的，孩子的生活、学习就不会出现重大问题。

如果八大支柱都撑起来，孩子在生活中便没有后顾之忧，面对自己的学习有劲头、自主高效、成绩稳定、情绪稳定，同时会得到来自父母老师的赞美，孩子也会产生自我认可：我是好孩子！我的生活我做主！

所以，如果把学习当作生命中唯一的意义，孩子必定厌学。聪明的家长是把学习的意义涵盖在生活的多种意义当中，生活中方方面面是高手，孩子面对学习，一定是自主的。

学习只能是生活中的一个支柱！

分阶段学习力培养

“授之以鱼”不如“授之以渔”，与其将来耗费大量精力，甚至以牺牲亲密亲子关系为代价盯作业、盯学习，不如从现在做起，结合孩子阶段敏感期来认识如何遵从天性培养孩子各个阶段的学习能力。

如果您的孩子已经进入学龄期，就一起梳理、回忆一下，每一个关键期您错过了什么？找找现在状况的成因，接下来您的方向就清晰了。

0～1岁：向抚养人特别是向母亲学习

胎儿在妈妈腹中，我们普遍认为孩子这时没有学习的能力，其实胎儿对妈妈的所有状态都能敏锐地感受到。

情绪平稳喜乐的妈妈孕育出的孩子大都安全感较强，情绪稳定，能够享受独处时间。

妈妈在孕期若长期焦虑，或经历恐惧事件，孩子就会学习到妈妈的模式，记忆那种状态，出生后多表现为敏感、胆小、易怒等。

1岁：学习独处、学习走路

误区

误区一：孩子不能独处，不能自己睡觉，要和父母一起睡。

误区二：孩子学走路，摔倒了马上抱起："都怨这个地，把我孩子摔疼了。"

误区三：孩子太小，什么都不懂，什么都得我来做。

父母的过度干涉、包办会为孩子输入一种程序：遇事要等、要靠、要推——所有的责任都不是我的。

正确的做法：学习独处、学习走路

✼ 孩子可以单独睡小床，需要有独处的机会。

尽早分床让孩子学会独处，也有利于父母感情稳定，避免孩子性早熟。

✼ 鼓励孩子摔倒后自己站起来。

孩子摔倒后。

妈妈：宝宝，妈妈相信你，你可以自己站起来。

妈妈：宝宝加油！宝宝加油！

孩子不停地调整自己的四肢，先蹬腿，然后两臂支撑顺利地站起来了。

妈妈：噢，宝宝自己站起来了！真棒！来，妈妈亲一下！

孩子接收到妈妈的肯定鼓励，大脑的潜意识开始输入人生第一道新程序：我可以，我能行！

孩子的成就感、愉悦感，来自于他（她）的大脑产生的多巴胺，而我们人类追求的就是这种快乐的感觉。这样的孩子可以注定 1 岁开始就是爱学习、爱生活的！

2 岁：学习独立吃饭

误区

误区一：父母担心孩子自己不会吃，吃不饱。

误区二：父母嫌麻烦，干脆代替喂饭。

误区三：担心孩子自己吃弄脏衣服。

正确的做法：学习独立吃饭

✲ 让孩子坐在自己的小餐椅上，带上围兜，拿自己的小碗、小勺和大人一起进餐，父母开心地吃，孩子也会开心地学。

✲ 家长要给孩子更多锻炼的机会，创造轻松愉快的家庭氛围，鼓励夸赞孩子做到的部分。

假如孩子用手抓着吃饭，饭撒一地了。

妈妈：慢慢来，宝贝。

不温不火收拾，继续给孩子盛饭。

孩子练习用小勺吃饭，撒得到处都是……

妈妈：没关系，妈妈再给你盛一碗。来，我们一起试一试宝宝怎样才端得稳呢？

孩子小手哆哆嗦嗦，将饭都撒在桌上了。

妈妈：宝贝多多练习就好了。

继续给孩子又盛了一碗。

孩子渐渐地准确运送食物到嘴里，学会了独立吃饭。

2 岁孩子心智已渐趋成熟，这个阶段对万事万物都充满好奇，家长的鼓励、赞美，为孩子营造出最好的学习场域。成就感、愉悦感会激励他（她）去追求更多，对成就感上瘾。若家长过多干涉，孩子容易失去探索的兴趣。自己吃饭的孩子，专注力特别强。家长强制喂得多，容易造成孩子积食、发烧，甚至失去学习、探索的兴趣和动力。

3岁：学习独立生活能力

古话说：“三岁看大，七岁看老。”3岁的孩子在生活的方方面面已经表现出“高手”和“无能”的状态。

误区

误区一：孩子小，自己不会穿衣、穿鞋，处处需要大人照顾。

误区二：孩子上了幼儿园，各种技能自然就学会了。

正确的做法：训练孩子学习独立生活能力

✲ 示范，演练穿衣穿鞋等做法。

✲ 鼓励，成就孩子自己多尝试。

✲ 妈妈不急躁，耐心等待。

面对宝宝第一次穿衣或穿鞋等遇到的困难，父母要有耐心，在孩子不需要帮忙时守住自己，让孩子独立完成，通过“自己的事自己做”，让孩子建立起成就感，潜意识中再一次确认“我能行”。

妈妈：宝宝，要不要学习自己穿衣服？

孩子：我要自己穿衣服。

妈妈：好，妈妈先给你示范一下怎么穿。

孩子：不要，我自己会。

妈妈：好，给你上衣。

孩子拿起上衣开始穿。

孩子费力地把袖子穿好。

妈妈：宝宝自己穿好了衣服袖子，你真棒！

衣服前后反了。

妈妈：……（止语）

孩子：妈妈，我怎么也找不到扣子。

妈妈：……（止语）

孩子继续摆弄。

妈妈：……（止语）

孩子：妈妈，我的扣子跑哪里了？

妈妈：需要妈妈帮忙吗？

孩子：嗯。

妈妈：它们跑到后面了。

孩子：它们和我捉迷藏呢！

妈妈：我们来捉住它们吧！

孩子：好啊！

孩子生活中的诸多状况，父母尽量不要直接指出，而是轻松、幽默地跟随、化解，要相信孩子的能力，父母无需过多干涉。

不要小看穿衣服这件小事，在老师无暇全面顾及的集体幼儿园生活中，孩子生活自理能力已然成为“高手”和“无能”的分水岭。

孩子：妈妈，今天我不想上幼儿园。

妈妈：哦。（妈妈不回应）

孩子：爸爸，你也去吧？

爸爸：嗯？

妈妈准备好宝宝上幼儿园物品。

孩子：妈妈，你说话呀？

爸爸妈妈微笑不说话，帮孩子背好书包，开门，准备出发。

孩子：妈妈，你要早点来接我。

妈妈：好的。

简单的字回应孩子，接纳孩子情绪释放。

面对孩子不愿上幼儿园的情绪，那是妈妈内在情绪的考试卷，家长凡事没有过激反应，接纳孩子，孩子释放了情绪，问题自然解决。孩子的情绪状况其实是提醒妈妈不在位。孩子内在只有一句话：呼唤妈妈回家，呼唤妈妈品质陪伴！

孩子是厌学还是爱学，在这个阶段基本上已经固化。

0～3 岁，没有亲自带孩子的父母就会错过人类头三年人生打地基的关键时期，忽视孩子像海绵一样从抚养人身上吸收学习的阶段，那么将来孩子出了问题，可能连原因都找不到。

4 岁：学习就是问问题

误区

误区一：孩子问问题，父母用“忙”做借口相互推诿。

误区二：敷衍应付。

孩子：妈妈，为什么大象的鼻子是长长的？

妈妈：去，没看见妈妈在忙？去问爸爸。

爸爸：找妈妈去，爸爸这会儿有事。

孩子不知所措。

正确的做法：正面积极回应孩子

孩子：爸爸妈妈，小鸟为什么会飞呀？我怎么不会飞呢？

父母：宝宝，我们也不知道答案，我们一起学习吧。

父母打开电脑和孩子一同搜索查找。

孩子：谢谢爸爸妈妈！

4岁，孩子语言发育成熟，问题千奇百怪，会把父母问得很有挫败感。但父母两个人，只要有一个人能对孩子的问题耐心地给予回应、解答，孩子将来就会爱学习、爱生活、爱研究、爱探索，上学喜欢问老师问题，这是爱学爱问程序的输入！孩子就像是得到了他（她）生命呼唤的回应，甚至在孩子千奇百怪的问题里就藏着将来安身立命的优势。

孩子向父母提出问题没有回应而屡屡受挫，长此以往，孩子的问题越来越少，会逐渐丧失对学和问的兴趣，直到没有问题。好多孩子上了学之后，课堂上不爱举手，不敢问问题、回答问题，木讷不活跃……这跟他（她）4岁时学和问的关键期与父母的互动方式有直接关系。

5岁：学习交友

孩子的人际模式在这个阶段已经凸显出来，家长要怎样引导孩子交朋友呢？

误区

误区一：孩子玩耍时发生争执，打闹，父母简单粗暴处理问题。

误区二：父母希望自己孩子跟“好孩子”玩，不让跟“坏孩子”玩。

孩子：妈妈，他抢我玩具了，还把我推倒了。

妈妈：这个小孩爱打人，爱抢东西，他不是好孩子，以后不跟他玩。

孩子：我们班的小朋友打我了。

爸爸：别怕，明天我带你去找他！或者让哥哥帮你收拾他！

父母的过多参与会让孩子再次确认自己是“弱者”，是“不受欢迎者”，养成遇事逃避、抱怨的习惯。

孩子们发生争执时，智慧的父母不过多干涉，不随意评判孩子的朋友，让孩子在争吵中学会和小朋友互动，体谅对方、化解矛盾。

正确的做法：教孩子学习交友

放手让孩子接触不同性格的朋友，在交往中学习锻炼与人相处的能力；遇到问题时，妈妈提建议，鼓励孩子自己做决定。

孩子：花园里篱笆下我种下一朵小红花……

爸爸：宝贝，你在唱什么？

孩子：是上午刚认识的那个小姐姐教我的。

爸爸：哦？你们这么快就成好朋友了？怎么做到的？

孩子：我很喜欢她呀，她的头饰很漂亮，她也很喜欢我，我们互相自我介绍，然后就成了好朋友了。

家庭日常生活中以赞美为主线，那么孩子在与人交往中也会很容易发现美好，主动赞美，更容易交到朋友，容易体验到爱的氛围，体验到安全感，培养良好的团队意识。

6岁：学习做家务

误区

误区一：认为孩子干家务活不重要，学习最重要。

误区二：阻止孩子“第一次”帮忙家务的热情，认为他（她）只会添乱。

误区三：指责、唠叨孩子做得不到位，总是挑毛病。

妈妈在打扫卫生，孩子跑过来。

孩子：妈妈，我来帮你吧。

妈妈：一边去，别添乱。

孩子：妈妈，我可以，让我试试吧？

爸爸：今天教的数字都会了吗？

孩子：哼……

孩子从此失去干家务的兴趣。

正确的做法：鼓励孩子做家务

✲ 安排孩子承担力所能及的家务，让孩子感受父母对他（她）的需要，另一面让孩子知道，奉献和索取是平衡的。

✲ 鼓励、奖励孩子参与家务，教孩子一些方法，培养孩子爱上劳动。

✲ 信任孩子的动手能力，成就孩子做人的本质。

妈妈正在扫地，孩子跑来要帮忙。

孩子：妈妈，你看！客厅变漂亮整洁了，是我干的！

妈妈：哇！真的?！太棒了！

爸爸：宝宝真能干！出手不凡哦！

孩子：妈妈，还有什么要帮忙的吗？

妈妈：请帮忙把鞋子摆一摆好吗？

孩子：好嘞！马上就好！

6 岁，家务活是孩子动手能力最好的锻炼，孩子在妈妈的鼓励认可中会爱上劳动。孩子可以参与的家务：摆鞋、扔垃圾、扫地、整理物品、刷碗、搭配自己的衣服等。总之，孩子第一次想要参与家务时，妈妈一定要积极配合、赞叹、奖励。长此以往，孩子会喜欢主动承担做好自己的事。

研究表明，擅长做家务的孩子生活更有条理，成年后成功的几率更高。

7岁：进入小学，固化成果并开启课业学习

误区

误区一：上学了，才是学习的开始。

误区二：学习成绩是孩子生活唯一的重心。

正确的做法：学习锻炼固化0～6岁的学习内容

✲ 引导孩子喜欢上学校。

✲ 引导孩子喜欢上老师、同学，建立良好的人际关系。

✲ 引导孩子喜欢上课业。

✲ 引导孩子明确学习是自己的事。

✲ 引导孩子自我定位：我是好孩子！

妈妈：宝贝，你今天过得怎么样？

孩子：妈妈，我很开心，今天我交了几个新朋友。上小学太好玩了。

孩子：爸爸妈妈，这道题我不会做。

爸爸：我也不会。

孩子：啊？

妈妈：宝贝，学习是你自己的事情，自己想想怎么解决吧。

孩子：我跟同学打电话问问吧？

妈妈：好的。

孩子：妈妈，我会了。

妈妈：你自己解决了问题，妈妈为你骄傲。

爸爸：得感谢这位同学，同学之间互相帮助啊，你也可以的，孩子。

孩子：嗯，看样子上课还是要注意力集中，谢谢爸爸妈妈提

醒，我是好孩子，我能自己搞定作业。

从此以后，孩子被输入了人生又一道学习程序：

学习是自己的事情，与父母无关；

学习，自己是第一责任人；

上课要注意力集中；

老师、同学是助力自己学习与作业的主要关系，要搞好与他们的关系，逐渐适应学习生活，爱上了学校，爱上了学习。

孩子自我定位，确定自己具有健全的人格，自我定位我是好孩子：我热爱学习，我有良好的生活习惯、学习习惯，我会干家务，我的人际关系良好。

这个阶段大概需要一年或者半年，主要决定因素是家长的定力。

0～6 岁孩子成长关键期的分析阐明：真正的学习是人类生存能力的学习，而学习成绩是人类所有生存领域的一个分支。

8 岁：关注孩子的专注力、作业品质、成绩

误区

误区一：孩子做作业，父母旁坐监工纠错，看似陪伴，实是打扰。

误区二：指责孩子做事不专心，虎头蛇尾，只盯问题，看不到孩子闪光的一面。

妈妈：孩子，六点半了啊。

孩子：知道。

妈妈：我给你削个苹果吧？

孩子：我不要，你不就是想催我写作业吗？烦不烦啊？

爸爸：我回来了，你的作业写完了没有？

孩子：没有，不想写！

家庭战争天天爆发。

正确的做法：引领孩子专注品质做事

✲ 尊重孩子个人时间，孩子专注做作业时不打扰，不催促。

✲ 孩子让帮忙检查时，肯定做得对的，写得好的，不关注做得不好的。

✲ 培养孩子一段时间只做一件事的习惯，孩子在感兴趣的事情里感受专注的快乐。

孩子放学归来。

爸爸：孩子，你准备几点写完作业？妈妈计划饭后我们一起外出运动。

孩子：一个小时。

妈妈：好的，妈妈已经给你准备了水和水果，你有需要再叫妈妈。

孩子：好的，谢谢。

爸爸：我们等你啊。

一个小时后，孩子如约完成作业，父母兑现承诺，和孩子一起外出玩耍。

父母配合、跟随、肯定孩子，让孩子在自己的时间里可以做到高效，妈妈与孩子的互动也变得简单、轻松。

孩子专心做事时，例如作业时间、电视时间、电脑时间、游戏时间……父母不打扰是对孩子专注力的培养和发展。

10 岁：孩子第二次自我定位

误区

误区一：孩子认为自己是学渣。

误区二：因学习成绩否定自己所有——我不是好孩子。

正确的做法：引领孩子全方位自我定位

孩子：爸爸妈妈，我这次数学测验又没考好。唉，我真笨！

爸爸：孩子，你比上次进步了5分呢，如果你需要，爸爸可以和你一起总结经验，下次肯定更好！

妈妈：你的作文昨天还被老师表扬了啊。

孩子：你们不怪我？

妈妈：当然不怪你，孩子，而且为了奖励你的坦诚，我们一起去吃大餐。

孩子：好啊，谢谢爸妈，我会加油！

帮助孩子找到科目优势，建立孩子自信心，孩子自我认可，不放弃学习。

12岁：进入初中，延续与变化

好多孩子都因为前面的问题卡在这个阶段。

我到底是个好孩子还是个差孩子？父母的态度很重要，你是认可孩子还是否定孩子？这决定了孩子的自我定位和下一段路程的走向。

误区

误区一：替孩子安排生活、学习各项事情，孩子被迫跟随父母。

误区二：父母常否定孩子的想法、意见、能力，不相信孩子的决策，不相信孩子可以承担。

正确的做法：欣赏、信任、跟随

✲ 耐心倾听孩子，给孩子表达自己想法的机会。

✲ 不管外人如何评判孩子，父母永远认可、信任、欣赏他（她）。

✲ 父母支持孩子想法，鼓励孩子独立做决策。

孩子：妈妈，我不想上奥数课。

妈妈：为什么呢？

孩子：我不喜欢那个老师，不喜欢每次做那么多作业，考得不好时，老师就批评，我有压力。

妈妈：你打算怎么办？

孩子：停课，或者换老师。

妈妈：你做决定了？

孩子：是的。

妈妈：好的，妈妈尊重你的决定。妈妈相信你可以搞定自己的学习，妈妈支持你。

孩子：那你怎么跟老师说？

妈妈：妈妈想办法。

孩子：谢谢妈妈。

14岁：青春期，父母与孩子在矛盾冲突中学习成长

误区

误区一：孩子一出现与学习无关的行为，父母就害怕焦虑。

孩子：妈妈，我今天收到男生写的纸条。

妈妈：啊，谁给你写的？这个男生是好学生还是坏学生？以后不准和他来往！

孩子生气地扭头回房间，拒绝再和妈妈交流。

误区二：父母高压管制，禁止孩子接触任何与学习无关的事情。

误区三：把孩子不能自主生活、学习的问题统统归罪于孩子。

误区四：父母不信任孩子，出现偷看孩子手机、日记等过激行为。

正确的做法：尊重、接纳、引导

✲ 尊重孩子，接纳孩子青春期出现的各种状态。

✲ 放下父母对孩子的期望，让孩子快乐地做自己。

✲ 引导孩子树立人生目标，寻找自己的优势。

✲ 为孩子立界限，引导孩子自主学习和生活。

孩子：妈妈，我今天收到男生写的纸条了。

妈妈：孩子，你现在长大了，这么漂亮，喜欢你的男生肯定很多。

爸爸：你这么优秀，等到了大学里，喜欢你的男生会更多。

孩子：哈哈，那我等到了大学再找男朋友吧。爸妈，我爱你们。

青春期问题频繁发生在中国家庭，这是孩子对父母长期对自己的唠叨、指责、怨恨、否定、期望、纠错、恶劣情绪最有力的反抗，是对父母的提醒，是孩子用生命状态警告父母失当行为的勇气，对家庭文化的建设警钟长鸣。

父母也需要不断学习成长，做智慧父母，接纳孩子各种状况，鼓励孩子做自己。

16～18岁：父母孩子学习平常心面对高考!

误区

误区一：考上好大学是孩子未来唯一出路。

误区二：父母过度关注高考，包办孩子的生活，成为孩子压力的制造者。

爸爸：孩子，你平时什么都别管了，就好好学习，准备高考。

妈妈：哎！别动！我来！衣服妈妈帮你洗！

孩子：我又不是个废人，我可以照顾自己。

孩子：你帮我洗衣服，我就得帮你考上大学。

爸爸：孩子，高考是你一生的转折点，你可要好好把握。

孩子：你们让我感觉压力好大，烦死了！书都看不进去了！

正确的做法：以平常心对待高考

✲ 父母如常生活，让孩子不再感受到来自家庭的压力。

✲ 不询问孩子不想说的事，尊重孩子想要独处空间的权利。

✲ 接受孩子现状，降低期望值，父母调整自己的情绪，肯定孩子的点滴进步。

✲ 理解孩子向父母宣泄情绪，不与孩子理论，可以换个方式，如通过写信、写纸条等沟通。

✲ 寻找孩子的优势，帮助孩子建立自信，引导孩子发现未来发展方向。

孩子：爸爸妈妈，我不想考大学了，想考职业学校。我喜欢研究美食。

爸爸：孩子，爸爸尊重你的选择，只要自己喜欢，坚持不

懈，爸爸相信你将来在这个领域一定会成才。

妈妈：好呀，将来你可以给我们做各色美食。

孩子诧异：我不上大学，难道你们不失望吗？

爸爸：只要你做的是自己喜欢的事情，爸爸支持你。

妈妈：妈妈也支持你。

孩子激动地拥抱父母。

高效作业

误区

误区一： 父母给孩子买教辅资料，增加孩子课外作业量。

误区二： 父母担忧孩子未来，给孩子报许多课外班。

误区三： 父母用权威惩罚，以“家长”自居，管教孩子。

孩子：妈妈，我写完作业了，你签字吧。

妈妈：这一行写得太乱，重写。

孩子极不情愿。

孩子：妈妈，我改一下吧。

爸爸：不听话是不是？你信不信我把你作业撕了？

妈妈：重写！再讲条件，罚十遍！

长此以往，孩子恨作业、恨学习。

正确的做法

✲ 强化正确的，淡化错误的。

孩子：妈妈，检查口算。

妈妈：这一页40道题，你做对了37道，了不起！

孩子：可惜没全对。

妈妈：那3道错题，可能你没看清楚，检查一下，订正过来就好。

孩子：好的，下次我一定要全对！

✲ 夸奖代替惩罚。

孩子：妈妈，我作业写完了。

妈妈：今天作业真高效，你自己检查一下。

孩子：妈妈，这个词我写错了。

妈妈：你真棒，自己检查出来了。

妈妈：如果这一行再工整一些会更好看。

孩子：好的，我试试吧。

父母要意识到学习永远是孩子自己的事。

✲ 对待孩子作业，父母做到不督促、不监管，父母放手，信任孩子。

✲ 父母放下对孩子学习成绩过高的期待，特别是从小到大学习成绩都不好的父母。

✲ 让孩子自主选择课外班，尊重孩子的需求。

✲ 尊重孩子，自主选择喜欢的课外活动，让孩子的生活丰富多彩。

✲ 父母通过各种途径彰显孩子的优势，让孩子有被关注、被认可的感觉，从而自我定位：我是一个好孩子。

✲ 与孩子签订契约书，帮助孩子建立健康的学习生活模式（详见本书第十章）。主要规定以下内容：

放学后完成作业的时间；

全家固定外出活动时间；

玩耍时间；

家庭娱乐活动；

家务活，家庭赚钱项目；

周末作业完成时间；

学习成绩提高或者保持计划。

另外，可建立“优势墙”——家长、自己每天每周增加优势项目。

孩子良好的生活状态来自于家庭中父母的尊重，来自于父母关系的和谐，来自于孩子对自己的认可，也来自于学校的快乐生活。有了这些保障，自主学习“So easy”！

当然，父母也需要不断地学习成长，收回“向外看”的眼光，放下对孩子的期待，不把自己的期望转嫁到孩子身上，转身来提升自己，过好自己的生活，通过自身努力来实现自己的人生目标。

家庭教育，不是你说了什么，而是你做了哪些。

成熟的父母，做事靠谱，要求孩子做到的自己先做到，孩子模仿、跟随，未来也会主动承担起自己的责任。

学习，是人类终身要做的事情。父母应以身作则，做好自己的功课，言传身教引领孩子。父母与孩子一同走在学习成长的道路上，彼此成就，不再把学习局限地认为是学校的功课，放眼孩子的未来，学习如何做人，如何拥有幸福生活，如何拥有良好的财富……生活中处处是学习。

父母活好自己，是对孩子最好的引领！

虹汇电台孩子学习类节目推荐

孩子写作业不磨蹭

磨蹭其实就是拖延症，看孩子时您有看见自己吗？上行下效，听众位嘉宾帮您解惑给您支招。

周虹为您读书9：收起打向孩子的巴掌

多少孩子都是被父母打骂逼着学习，实则是为了让孩子完成父母未完成的心愿。学习成绩并不是孩子生活的唯一。故事中的主人公将自己与孩子真实的互动模式展现出来，值得所有父母警醒！

周虹为您读书10：让兴趣班回归快乐

孩子的很多自由时间被父母安排的各种兴趣班、辅导班填得满满的，当这些“班”不再蒙蔽父母的眼睛时，孩子才有幸福快乐。平实的故事里蕴含着大道理，周虹老师倾情解读。

不要以为你学习了，孩子就会改变

你是真学习还是假学习？勇敢的孩子用状况提醒妈妈，听周虹老师深度解析其中真实原因。

孩子辍学的真相

孩子辍学的现象越来越趋向低龄化，是孩子真的不愿意再学习了吗？是怎样的家族文化传承，让孩子承担了他不该承担的？孩子其实是用辍学来提醒父母过好自己。周虹老师看透问题真相，为嘉宾指引方向。

欢迎零分到我家

如果一张零分的考卷摆在您面前，您会是什么态度呢？节目中的这位妈妈值得敬佩，自然也收到了神奇效果。她是如何处理的呢？来听节目吧。

女儿从63分到93分

孩子的成绩牵着父母的心，而嘉宾却在孩子低分时停掉了孩子的补习班，她是运用什么方法竟然让孩子成绩大幅飙升呢？

更多有关学习的节目，请在“蜻蜓FM、荔枝FM、喜马拉雅FM”搜索“虹汇电台”，每天早上六点准时更新。

第四堂课

0～6 岁早期教育

一个人毕其一生的努力就是在整合他自童年时代起就已形成的性格。

——荣格

俗话说，“三岁看大，七岁看老”。0～3 岁是人生的 75%，孩子长大后的区别，本质源于 0～6 岁教育的区别。新一代的家长们，无不在四处寻求育儿良方，尤其是伟大的妈妈们，往往从怀孕的那一刻，就开始了一段漫长的“取经”之路。尽管如此，在养儿路上，父母们依然摸不准方向，“事故频出”。

养孩子，你准备好了吗？

释迦牟尼曾问其弟子，知道火钳烫和不知道火钳烫而伸手去抓，哪个烫伤会较严重呢？答案不言自明。养孩子也是如此，正所谓有准备地做事，做有准备的事！

孕期

孕期是对孩子输入的第一道人生程序，妈妈的意愿、态度、情绪、行为等构成胎儿发育成长的环境，奠定了胎儿生理发育和心理发展的基础。

孕期准备

✻ 误区。

误区一：被迫怀孕。

男人：老婆，咱们要个孩子吧？

女人：我还想多玩几年呢。

男人：昨天咱妈打电话又催了。

迫于周遭的压力，情非得已之下被迫怀孕，胎儿在生命发育的最初阶段感受到的就是母亲的抗拒，感受到自己是不被欢迎的。

误区二：意外怀孕。

女人：都怪你，你怎么那么不小心！

男人：好了好了，纯粹是个意外嘛。

有多少孩子都是伴随着“你就是个意外”这句漫不经心却又杀伤力极大的话语长大的，孩子从小就不被接纳。

✻ 正确的方式：有准备地做事。

女人：我们什么时候要孩子呢？

男人：听你的。

女人：我想先攒够三年之内养孩子的钱，然后暂时辞去工作，全心全意在家，亲自抚养孩子。

男人：孩子是天赐的恩典，放心吧，我努力挣钱，养活你们两个宝贝！

父母：宝贝，爸爸妈妈已经准备好啦，欢迎你来到我们的生命中！

父母在做好身体、心理、物质、精神等充分准备的情况下，孩子降生之后，会感受到这个世界是欢迎他（她）的、是安全的。

孕期情绪

✼ 误区： 准妈妈情绪起伏不定。

女人：都10点了，你怎么还不回来？

男人：老婆，我在陪客户吃饭呢。

女人：你的眼里只有客户，这个家你还要不要了，我明天就去医院。

男人：你别这么无理取闹好不好？

女人在电话里咆哮……

腹中的胎儿突然动静很大，用力踢了妈妈一下……

母亲长期处于忧伤、焦虑中，这种不良情绪会通过胎盘传递给宝宝，胎儿可能会放慢生长速度，出生后容易哭闹，情绪不稳，长大后很难适应环境。

✼ 正确的方式： 父母情绪稳定，经常与胎儿沟通。

女人：老公，我突然想吃榴莲。

男人：好，你等着，我马上去买。

女人：老公，我头有点晕，心里难受。

男人：老婆，走，我陪你去散散步，让宝贝呼吸一下新鲜空气。

男人：宝贝，我们听音乐了，你听，多么优美的旋律。

宝宝以有节奏地胎动回应：我在跟着音乐跳舞呢。

科学研究证明：孕妇的情绪变化直接影响着胎教的质量，母亲的情绪言行直接影响着胎儿的性格和智慧。当妈妈偶尔心情烦躁时，可以播放一些轻松愉快的音乐，转移宝宝的注意力。

爸爸：早上好，我可爱的小宝贝！

妈妈：宝贝，妈妈要洗脸了，洗完脸妈妈觉得舒服极了。

爸爸：爸爸要去上班啦，来，拥抱一下。

妈妈：宝贝，我们去公园了，你看这里多美呀，有菊花、桂花……

父母与胎儿进行正常密切的交流，全情投入，与胎儿共同体验，身心共鸣，建立最初的亲子关系。

习惯性流产

✲ **误区：**人生都是苦难。

女人：我不想长大，不想当母亲。

女人：我的父母关系不好，小时候很压抑。

男人：生活无望，活着就是痛苦。

女人：哼，我才不想和他有孩子呢。

女人潜意识中没有长大，甚至是不想和“这个男人”有孩子时，怀孕就变得莫名其妙的困难，或者意外流产。因为胎儿会敏感地觉知到母亲的想法，并进行天衣无缝的配合，就会出现“母亲想生，婴儿往生”的现象。

✲ **正确的方式：**悦纳新生命。

男人：我的智商情商都这么高，没有孩子多可惜啊！

女人：我的生命必须有延续！人生如此美好，有个孩子就更完美了。

男人：是啊，好渴望有个孩子。

当男人女人接纳自己成为父母的角色，欢迎一个新生命到来时，就容易受孕，母体会努力营造出健康温馨的胎内环境，胎儿感受到父母的悦纳，会遵循父母的意愿，做出最初、最重要的一个选择——活下来！

胎儿性别

✲ **误区：**子宫期待。

男人：老婆，一定要是个儿子啊！

女人：必须是男孩，不是男孩不行。

男人：老婆，你争口气，给我生个儿子！

女人：他想要男孩，我偏不给他生，宝宝，你一定要是个女孩。

父母把对孩子性别的期待投射在胎儿身上，于是孩子就会有意无意地呼应这种期待，很多成年女性胸部和臀部根本就没有发育，在外貌、体型、声音等方面朝着男性的方向发展，内心抗拒、嫌弃、厌恶自己的女性身份，完全屏蔽自己的性别优势，一生都在寻求父母的爱与认同。

✲ **正确的方式：**接纳胎儿的性别。

妈妈：你觉得宝宝会是男孩还是女孩呢？

爸爸：男孩女孩我都喜欢！

宝宝：我在妈妈肚子里好好发育。

每个孩子都是上天赐予的宝贵礼物，强烈建议父母们不期待胎儿的性别，孩子出生以后取性别特征明显的名字，让孩子认可自己的性别，心甘情愿做男孩（女孩），一生享受自己的性别。

出生

出生方式

出生方式对孩子的影响有多大？刚出生的孩子需要抚触按摩吗？

✲ **误区：**自然分娩太疼，剖腹产痛苦小。

女人：顺产太疼了，我要选择剖腹产。

男人：我也不想让你受罪，剖就剖吧。

剖腹产会给母亲带来伤害，疤痕体质让女人无颜面对日后的性生活；剖腹产通常是横切，性兴奋腺容易被切断，如果缝合不好，难以恢复，是影响夫妻生活最大的隐患。剖腹产对孩子的不利影响也已经不再是新鲜话题。

✻ **正确的方式：**尽量选择顺产，不侧切。

妈妈：宝贝，妈妈相信你一定能顺产，我们一起加油！

爸爸：老婆，我会一直陪着你、支持你的！

宝宝：我也会加油哦。

妈妈需要做的是潜意识中不断暗示自己，相信一定能顺产；与医院沟通好，下定决心顺产；或者给自己一个时间，除非孩子难产或者超过预产期时日多，就一定要有信心，告诉宝宝配合妈妈一起努力。

抚触按摩

✻ **误区：**顺产的孩子不需要抚触按摩。

爸爸：护士让咱们给孩子做抚触按摩。

妈妈：孩子是顺产，不会出现感觉统合失调，不需要抚触按摩。

宝宝出生前在熟悉温暖的羊水中已经待了10个月，突然被医生从妈妈肚子里取出的瞬间，好像突然从恒温的泳池被抱出，此刻全身的皮肤都裸露在空气中，会出现不适应的感觉，抚触按摩可以有效缓解。《遇见未知的自己》一书中，也有描述人通过催眠进入潜意识回到出生时刻的故事情节。

✻ **正确的方式：**出生后即给孩子抚触按摩。

宝宝：好想回到妈妈温暖的羊水里。

妈妈：宝贝，这个世界与妈妈的子宫一样是安全的。

妈妈温暖的怀抱、轻柔的抚摸会让宝宝觉得十分安全和舒适。

抚触按摩时播放一些舒缓的背景音乐，乐声响起，宝宝就知道按摩时间到了，日常形成条件反射。

妈妈：宝贝，按摩时间到了，这是你最喜欢的时间。

妈妈：亲爱的，你也来试一试，孩子感受你温暖爱抚的双手，长大后更易于与人接触、人际关系好、学习兴趣也更浓呢。

爸爸：这么神奇！……哇！好细嫩的小脚丫，让爸爸亲一下！

你会发现此时的婴儿会安静下来，全身放松，一副很享受的样子。

拥抱、抚摸和按摩对婴儿来说，就像是食物一样、甚至比食物更为重要，是生命中必不可少的一部分。孩子通过妈妈的抚触按摩感受这个世界，学会如何在焦虑的时候放松，用放松来应对生活。

喂养

母乳喂养和人工喂养有区别吗？母乳喂养时母亲的情绪和状态对孩子有影响吗？

母乳喂养

✼ **误区：**刚出生，还未下奶，直接喂牛奶。

妈妈：都两天了，还是没有奶水。

爸爸：给孩子喂牛奶吧。

✼ **正确的方法：**坚持吮吸，珍惜初乳。

爸爸：怎么还没有奶水啊？宝贝都饿坏了。

妈妈：不用急，让宝贝多吸几次，一定要让宝贝喝到初乳。

妈妈：初乳的脂肪和含糖量低，还含有大量活的淋巴细胞，可以保护宝贝免受细菌侵害。

爸爸：亲爱的，你懂得还真多！

3 天后，奶水果然源源不断地流出来了。

有些妈妈产后没有及时下奶，也是正常的，让孩子出生后就开始吮吸妈妈的乳房，婴儿前两三天是可以不吃东西的，坚持练习即可。

哺乳

✲ 误区。

误区一：为了身材，拒绝给孩子哺乳。

妈妈：哺乳会让胸部变形。

爸爸：不会吧，还有这事？

妈妈：我同事都这么说。

儿童的肥胖、冲动、厌学、偷钱、网瘾以及人类的犯罪、疾病等，都可以追溯到婴幼儿时期。据调查显示，60%的强奸犯有一个共性——不是母乳喂养长大的，他们都是不怕生的孩子，什么都敢做，任何东西都可以破坏，因为在0～3岁时，母亲没有在他们的心中编制一条爱的网！

误区二：给孩子喂“热奶”。

爸爸：怎么现在才回来？看把孩子给饿的。

妈妈：我每天一下班就马不停蹄地赶回来，你理解过我吗？

热奶就是母亲在情绪不好或者慌慌张张、焦虑愤怒的情况下给孩子喂的奶，这种奶水甚至是有毒的，妈妈的不安、焦虑、烦躁会通过奶水渗透到孩子的每一个细胞当中。

✲ **正确的方式**：妈妈平心静气，不焦虑、不催促。

妈妈：宝贝，吃饭喽，好好享受你的大餐吧。

宝贝大口地吮吸乳汁，脸上洋溢着满足和幸福的表情。

妈妈用充满爱意的眼神，专注于当下与孩子的情感交流，孩子感受到的是妈妈的悦纳、欣赏和爱，安心享用每一餐，母子之间的链接悄然建立。

断奶

✲ 误区。

误区一：喂母乳时间越长越好。

妈妈：母乳无论什么时候都是很有营养的。

爸爸：我也听说喂母乳时间越久，宝宝抵抗力越强。

7个月后，母乳的营养价值就不高了。长期下去，孩子不能独立去吃辅食，这其实是妈妈在潜意识中无法脱离孩子的需求。

误区二：在乳房上涂药水或辣椒。

妈妈：妈妈的乳房生病了，不能吃了。

孩子尝过之后，被辣得哇哇大哭。

这种方法是不可取的，会给宝宝带来心理上的极大伤害，虽然不再吃奶，却无法割断宝宝的“恋乳”心理。

误区三：妈妈干脆离开或消失。

妈妈潜意识中不相信自己能和孩子一起顺利断奶，因而选择躲避。这会人为制造孩子心中的恐慌，让孩子以为自己被抛弃了，加剧日后的分离焦虑。其实断奶对孩子而言，是再正常不过的一件事，母亲的起心动念决定断奶方式。

✲ **正确的方法：**断奶时妈妈陪伴在身边。

妈妈：宝贝，你长大了，可以吃更多好吃的食物啦，妈妈给宝宝做的饭可香啦！你的小牙长出来后，还有更多的美味佳肴等着你呢。

宝贝微笑地看着妈妈。

妈妈：妈妈打算给你断奶了，不是妈妈不爱你了，正是因为爱你，才让你品尝更多、更丰富的食物，吸收更多营养，快快长大哦。

结果是妈妈陪伴在孩子身边，顺利断奶。

亲子之间的尊重与信赖关系，应该是从婴幼儿时期就开始的。你尊重我，我尊重你，交流顺畅，沟通无碍，孩子在青春期不容易出现叛逆。

积食

✲ 误区。

误区一：担心孩子吃不饱。

妈妈：宝贝，要多吃，才能长得快。

爸爸：快快快，再不吃，爸爸吃完了！

尤其是老人带大的孩子，更容易积食，由于老人经历过饥饿的年代，总觉得孩子没吃饱，忍不住过度喂食。

误区二：把积食误认为感冒。

妈妈：宝贝发烧了，还咳嗽。

爸爸：感冒了吧，走，赶快去医院！

0～3岁的孩子很容易积食，症状就是食欲不振，身体发热、流涕、有时伴有咳嗽。这种症状和感冒极其相似，往往会在后半夜发烧甚至是高烧，其实只是积食。

✻ **正确的方法：**当孩子扭脸，即停止喂食。

父母：宝贝，来，再吃一口。

孩子把头扭一边。

一旦孩子扭头不吃，就停止喂食。相信孩子能知道饥饱，逐渐养成有序的进食规律。

3岁之前是长脂肪颗粒的时期，预防肥胖，从婴幼儿抓起。

人工喂养

✻ **误区：**由妈妈以外的人代劳，喂养时顾左右而言他，看电视、大吵大闹。

妈妈：老公，我正在做饭，你去给孩子冲奶粉吧。

爸爸：好嘞，咱们边看电视边喝奶喽。

宝宝眼睛盯着电视，食不知味。

✻ **正确的方法：**妈妈亲自承担，专注喂养。

妈妈：宝贝，来，妈妈抱，我们吃饭喽。

爸爸：什么也不重要，孩子的用餐环境最重要。

妈妈：妈妈爱你，喝吧，这如同妈妈的奶一样。

妈妈左手侧抱孩子，右手拿奶瓶，孩子安静地躺在妈妈怀里感受这份爱。

关键是不要把奶瓶放在孩子的胸膛之上，而是要把奶瓶紧贴着母亲的乳房，让心跳通过奶瓶壁传递给孩子。宝贝人生无缺憾，因为母亲已经把爱和孩子熟悉的心跳放进去了。

抚养方式

虽然人类 0～3 岁几乎没有记忆，但是我们有比记忆更牢固的东西，就是“潜意识”。0～3 岁的孩子对所有的事物都是全盘吸收的。

可是，由于工作繁忙，孩子通常交由家中老人或保姆代养，在抚养方式上也存在各种各样的误区。

误区

误区一： 隔代养——孩子容易出现认亲错误。

爸爸：老婆，我们工作忙，把孩子送回老家吧。

妈妈：是啊，老人有时间，比我们照顾得更好。

等孩子上学后接回身边，父母突然发现好像不是自己的孩子一样。

父母：你这孩子，怎么一点儿也不听话！

孩子：我为什么要听你们的话，我不是你们的孩子。

父母哑口无言。

潜意识中，孩子会认为他（她）与父母的权利是相等的，会一直被渴望父母又无法亲近的矛盾心理困扰，缺乏对父母应有的尊敬，会不自觉地凌驾于父母之上。让老人养孩子，最后却养成了自己的“弟弟妹妹”。

误区二： 寄养——孩子自我价值低，找不到自己的人生位置。

爸爸：孩子，幼儿园的老师人好又懂教育，让孩子住在老师家吧。

妈妈：好啊，老师能把孩子教育好。

父母并没有完全把孩子送给别人，而是在某段时间内，寄养在亲戚朋友甚至是老师家中，孩子从小就品尝寄人篱下的感觉，觉得是因为自己不好，心理阴影自童年时期就注入孩子的生命当中，尤其是女孩，容易受到侵犯。

误区三：送养——彻底否定生命的源头，否定自我。

虹汇电台有这样一位听众，从小被送养，二十几岁的全职妈妈，拥有外人眼中成功的先生、可爱的孩子、优越的生活，可她常因为先生的一句话彻底否定自己，动辄冷战兼提离婚，先生慨叹："我养了俩孩子！"

孩子对亲生父母的渴望从未得到满足，会不断找寻缺失的爱，进入婚姻后，会习惯性地把手伸向伴侣。被送养的孩子通常会带着对亲生父母的怨恨，不停地折腾，不过好自己，以此来惩罚父母，对生命的破坏力极大，遇到成功、健康、金钱、财富习惯性后退。

误区四：收养——家庭成员被排除在外。

在家排现场，养女与养父母在一起，而亲生儿子却与父母相距甚远。现实生活中亦是如此，养女住着家中的豪华别墅，儿子却在外面，"有家不能回"。

家庭中的位置是固定的，一旦有收养的孩子进入，就会拼命地抢别人的位置，然而家中其实是没有这个位置的，收养之后，必须有家庭成员要让位，可能会是孩子、伴侣甚至是自己。一句话：收养需谨慎！

男人：老婆，咱有儿子了，再收养个女儿吧。

女人：亲爱的，收养可是有风险的，会造成家庭序位的混乱，会对咱们的两个儿子造成伤害。我爱你，再给你生一个吧！

正确的方法

父母亲自抚养，用爱为孩子的人生打地基。

男人：老婆，有了孩子，我们自己带吧。

女人：好啊，0～3岁的孩子像海绵吸水一样，最需要的是咱们无条件的爱。我们陪伴在孩子身边，他的人生才不会有遗憾。

0～3岁是孩子人生的基础，是人生大厦打地基的关键阶段，此时的“偷工减料”将会为孩子成长埋下隐患，想让孩子不生病、不犯罪、不厌学、没有不良问题，平稳度过青春期，那么在孩子0～3岁时，爸爸妈妈必须亲自抚养孩子，任何人都不能代替父母。

早期教育及其重要性

早教，即早期全脑开发教育，不是把教育提前化，不是教孩子学知识，而是潜能开发，在时间上具有唯一性。科学研究表明，常人仅使用了4%的潜在脑力，还有96%的大脑功能等待开发。一旦错过，就永远错过了。

误区

误区一：早教是有钱、有闲人才做的事情。

爸爸：早教课是有钱人做的事情，跟咱没关系。

妈妈：是啊，我天天忙得焦头烂额，哪有工夫去上早教课？

误区二：早教就是让孩子认字、数数、背英语单词。

爸爸：你看人家孩子都认识300个字啦，咱这天天跑早教也没见孩子学多少啊。

妈妈：好，我跟老师谈。我们要学会500个！

父母对学习狭隘的理解、一味攀比很容易扼杀孩子最初的学

习兴趣，早教反倒成为伤害。

正确的方式

对孩子进行全脑开发。

爸爸：书上说，右脑开发的最佳时间是6岁前，尤其是0～3岁。3岁前是右脑优势期。3岁以后，逐渐从右脑过渡到左脑，6岁后进入左脑优势期。

妈妈：这么重要啊，我们可要把握好这一关键阶段，持续不断往宝宝的大脑输入各种信息。

爸爸：书上说，0～6岁期间，大脑的神经元最丰富。丰富的经历和体验，让大脑的神经元不断被激活，与周围成千上万个神经元发生链接，并开拓出相互间新的链接。

妈妈：太好了，左右脑均衡全面开发，孩子就能自如地在图像与逻辑中进行转换，自然学习力更强，能力更出众。

早期音乐教育

音乐智力是最先发展的一种，0～6岁经过系统音乐启蒙的孩子，智力能提升约34%。

✲ **误区**：急功近利。

妈妈：你看舞台上的小明星多风光，你也要像他们一样！

爸爸：学了半年了，怎么只会唱这几首歌，真让我失望。

✲ **正确的方式**：父母一起参与，让孩子在游戏中感受音乐。

妈妈：宝贝，我们跟随音乐一起舞动，前、后、左、右……

爸爸：宝贝，你听，风的声音，钻山洞喽！

孩子在感性和情绪上，实现对音乐深层次的理解。

音乐教育无处不在，可以随时随地让孩子去聆听自然界的风声、雨声、鸟鸣虫叫，可以将音乐跳成舞蹈、画成图形、编成故事，扮演故事里面的人物，通过自己的感受充分表达出来。

早期数学教育

3～6 岁，是储备学习工具的阶段，针对孩子的数学兴趣，进行第二次全脑开发。良好的基础，使孩子将来不害怕数学，在孩子潜意识中输入“数学好玩、喜欢数学”的奇妙程序，在应试教育中，数学可以使孩子学习成绩如虎添翼。

✲ **误区：**数学就是数数、计算。

爸爸：宝贝，来，爸爸教你数数。

妈妈：只会数数怎么行，还要学会 20 以内的加减法。

✲ **正确的方式：**通过游戏，激发孩子的数学兴趣。

以蒙氏数学教具中的数棒为例：

爸爸：宝贝，看，这是数棒，这是一。

孩子：这是一。

爸爸：宝贝，把“一”给我。

可以利用数学玩具、教具，如数棒、算数板、图画、色板、几何形积木等帮助孩子建立数学概念，在潜移默化中让孩子和数学建立良好的链接。

妈妈：宝贝，今天妈妈买了萝卜，我们把它切成各种形状吧。

孩子：好啊，真好玩。

只要有心，处处皆学问。比如买来土豆、萝卜、南瓜、红薯等，和孩子一起切成不同数量的部分，让孩子了解整体与部分、分数以及对称的概念。读者朋友们可以借鉴。

早期英语教育

✲ **误区：**盲目攀比，应试高分。

父母：宝贝，今天学了什么呀？

孩子：苹果——apple，马——horse，还有番茄——tomato……

父母：宝贝，你真棒，都会说英语了，将来肯定考高分！

一旦进入对话，孩子无法表达时——父母：快说，你怎么不说呀，你看看人家。

✲ **正确的方式：**利用原版英文歌曲、动画片，先唱后说，能说会唱。

脑部活动区域不同，使婴幼儿时期成为打下英语基础的最佳时间。

妈妈：我每天放一个小时的原声影院，从小就给孩子“磨耳朵”。

爸爸：好啊，我同意，孩子听英语时我尽量不打扰。

孩子听得多了，自然会开口。

孩子寒、暑假期间，可以采用动画方式，每天五句的学习方法，先唱后说，能说会唱，采用组块记忆储存，永不遗忘。天长日久，孩子就能说一口流利的英语。

关于早教，只要您了解孩子每个年龄的阶段需求，完全可以在家中进行，每天选择固定的时间段，把早教变成游戏，成为孩子生活中的一部分，同样可以取得明显的效果。

敏感期的正向引导

所谓儿童敏感期，是指在0～6岁的成长过程中，儿童受内在生命力的驱使，专心吸收周围环境某一事物的特性，并不断进行重复实践的过程。

误区

误区一：不关注。

妈妈：今天幼儿园家长会老师让关注孩子的敏感期。

爸爸：啥敏感期，有那么重要吗？

妈妈：是啊，我们小时候哪有什么敏感期。

误区二：过分关注，以为不把握敏感期会比别的孩子差很多。

爸爸：孩子的敏感期，错过了怎么办啊？

妈妈：必须得盯着孩子，绝对不能错过。

误区三：以危险的名义阻止孩子探索世界。

爸爸：慢点，别摔倒了，不能动，危险！

妈妈：小心，别拿剪刀，会剪到手。

正确的方式

充分了解孩子各年龄段的敏感期，并加以正向引导。

感官敏感期

爸爸：宝宝，看，这是白色的纸。

妈妈：宝宝，摸一摸，这是妈妈的衣服。

父母：宝宝，闻闻，花好香啊。

宝宝虽然还很小，但是各种感官反应已经准备好了，父母要尽量多地通过生活中真实的刺激充分调动宝宝的视觉、听觉、触觉、嗅觉等感官，接触越具体，宝宝的感官技能就越发达，五官就越敏锐。

口腔敏感期

爸爸：宝宝什么东西都往嘴里塞，喜欢吃手，有时还咬人。

妈妈：是口腔敏感期到了，我们要准备各种安全的食物或玩具，让宝宝尽情地去咬、去品尝，用嘴巴感知世界；长牙时牙床会感觉很痒，给孩子吃点硬的食物让他练习咀嚼，就能有效缓解。

爸爸：你瞧，他吃得津津有味，多专心。

妈妈：允许孩子吃手，用口探索世界，这一敏感期就能顺利度过。

全世界的婴儿都是用嘴打开这个世界的大门，口腔敏感期没有得到满足的孩子会抢别人的食物，随便拿别人的物品，注意力总是集中在食物上而无法学习。

手的敏感期

妈妈：宝宝最近喜欢扔东西。

爸爸：是啊，宝宝在锻炼手的抓握技能和精细动作，多练习就好。

父母：宝宝，这是毛绒玩具，我们一起扔。

宝宝会非常开心，在东西扔出去——掉在地上发出响声的过程中，宝宝的大脑也会开启观察与思考。

爸爸：孩子现在喜欢伸手打人。

妈妈：没关系，不反应就是最好的反应。

学会独处

爸爸：你看，宝宝目不转睛地盯着床铃看，有10分钟了。

妈妈：嘘，这就是专注力的最初表现。

妈妈：看！宝宝躺在床上咿咿呀呀，玩自己的小脚丫多开心啊。

爸爸：嗯，努力探索的时候，就是培养专注力的最好时机。

独处是一种能力，孩子天生具备。能够独处才意味着拥有自我，父母不打扰，让孩子能够独处，安静地享受自己一个人的世界。

走路

孩子蹒跚学步，摇摇晃晃，“啪”的一声摔倒了。

妈妈：宝贝，试一下，用小手支撑地面，妈妈相信你能站起来。

宝宝不断尝试，终于颤颤巍巍地站起来，一颗“我能行”的种子在他（她）内心萌芽。

父母：宝贝，真了不起，自己站起来啦！

人生第一次摔倒，鼓励孩子自己爬起来，给孩子行走的自由。孩子长大后遇到问题，就会首先自己想办法解决。

语言敏感期

读者朋友们，您可以想象或回想一下孩子第一次叫妈妈时的情形。

孩子：妈—妈。

妈妈：啊，孩子叫什么？刚才是在叫我吗？哇，宝贝会叫妈妈啦！

语言的启蒙可以追溯到胎儿时期，父母需要不断地给孩子注入“养分”，多和他（她）说话、讲故事，当孩子需要表达自我感受时，自然就开口说话。即便有些孩子开口较晚，家长也不必焦虑，放平心态坚定信念“输入”，一旦孩子开始“输出”会非常出彩。

空间敏感期

孩子会不断要求父母一起垒积木，然后推倒。

孩子：轰，爆炸啦，真好玩儿！

父母：宝贝，再来一次，我们一起搭积木。

当孩子不断重复某一个动作时，最需要的就是父母的耐心陪伴，乐在其中。

秩序敏感期

孩子：妈妈，我不想玩了。

妈妈：宝贝，我们一起送玩具回家吧。

孩子：大的玩具放在下面，小的玩具放在上面。

“我遵守规则，你也要遵守规则”是孩子的内心独白，表现为给物品找“主人”，将所有的物品“归位”，不合心意的事情必须重来。父母需要做的是营造一个有序的生活环境，从哪儿来的，回到哪儿去，会给孩子以安全感，并养成良好的习惯。

自我意识

妈妈：宝宝，你的书真好看，让我看看好吗？

孩子：不好，这是我的。

妈妈：哦，那好吧。你的东西你做主，我的物品我做主。

爸爸：我有一辆小汽车，咱俩能不能交换一下？

孩子：嗯……那好吧。

爸爸：谢谢，我玩一会儿就还给你。

孩子的自我意识开始萌芽，有了“我”和“你”的界限，喜欢按照自己的想法做事，父母遵从孩子的天性，跟随孩子成长即可。

这一时期，孩子的模仿能力很强，无论是语言还是动作行为表情，都会模仿。我们会发现孩子跟谁像谁，大人的身教和环境的设置都尤为重要，做好自己，让孩子模仿好的行为。0～3 岁奠定孩子的一生。

音乐绘画敏感期

孩子：爸爸，我想画一只小鸟。

爸爸：好啊，我们先仔细观察一下小鸟的各种形态。

父母：周末我们去美术馆看展览吧。

绘画是孩子天生的语言形式，给孩子提供良好的艺术环境，带孩子到自然中去观察，让孩子自由创作。

婚姻敏感期

3 岁时。

孩子：我们班男生说长大了要和幼儿园生活老师结婚，我长大了，要和爸爸（妈妈）结婚。

父母：好啊，下周爸爸妈妈带你去参加叔叔的婚礼。

孩子心中的结婚仅仅是表达喜爱之情，是自己与喜欢的人建立依恋关系的方法。父母可以带孩子参加婚礼，感受婚礼现场的氛围，了解有关婚姻的内容。

5 岁时。

孩子：我要和我们班的小明结婚。

父母：你可以邀请他来我们家玩儿，我们一起吃饭、看电影，如果他父母同意，你们俩还可以去拍婚纱照。

孩子：太好啦！

这些思想和行为仅仅是阶段性敏感期的体现而已，父母大可不必惊慌，完全支持就好。夫妻恩爱是对孩子最好的家教，让孩子感受到婚姻带给父母的幸福感，有助于孩子未来的婚姻发展。

出生敏感期

孩子：我是怎么出生的呢？

父母：就是爸爸的精子遇到妈妈的卵子，结合形成胚胎，然后长大变成小宝宝，最后被妈妈生出来了。

孩子开始探索我从哪里来，这是性启蒙的绝佳时机，提前学习的虹汇会员们通常会利用所学知识和绘本等工具顺利帮孩子完成性教育启蒙课。

敏感期出现的时间因人而异，父母应给予充分的关注而不破坏、陪伴而不打扰。孩子在爱与自由的氛围中，敏感期各项的潜能自然会得到最大的发挥。

幼儿园那些事

幼儿园是孩子迈向社会的第一步。

如何选择幼儿园

误区

误区一：看硬件，比名气、比师资。

爸爸：这家幼儿园装修豪华、设施完备、玩具齐全，我觉得不错。

妈妈：就选它了，孩子肯定会喜欢。

误区二：孩子择友。

妈妈：我想让孩子上贵族幼儿园。

爸爸：好啊，这家幼儿园孩子非富即贵，有利于孩子交朋友。

误区三：寄宿，省事儿。

爸爸：让孩子上寄宿幼儿园吧，我们好一心一意挣钱。

妈妈：我也是这么想的，总算熬出头了。

孩子幼儿园接送不是一朝一夕的事，父母在选择之初一定要评估自己的时间、精力，避免让家庭陷入混乱焦虑之中。

正确的方式

✼ 相似条件下，离家近才是王道。

爸爸：给孩子选哪个幼儿园好呢?

妈妈：楼下的幼儿园就不错啊，离家近，孩子有更多的时间休息，每天轻轻松松入园。

爸爸：有道理，上下班接送方便，又是孩子熟悉的环境。

孩子：我最喜欢这个幼儿园了。

家长孩子都轻松，每天开开心心上幼儿园。建议家长们让孩子就近入园。

✼ 幼儿园及老师的理念与家长一致。

爸爸：幼儿园的老师看起来不错，看孩子的眼神充满了爱意。

妈妈：对呀，我去考察过几次，孩子可以自由玩耍，老师会放手让孩子体验，并安静地观察记录下来。

爸爸：和我们的想法不谋而合。

幼儿园的教育环境和理念与家庭文化同频，孩子入园后容易适应。

如何帮助孩子适应幼儿园

幼儿入园多半会有哭闹，家长的处理方式决定孩子适应幼儿园的早晚。

误区

误区一：不相信孩子能很快适应。

孩子：妈妈，我不想上幼儿园啊……

妈妈：我就知道你会哭，你看看别的小朋友都不哭。

妈妈在潜意识中已经认定孩子不能很快适应，潜台词是“孩子根本离不开我”。孩子果然“配合”妈妈哭得更加撕心裂肺。

误区二：趁孩子不备，妈妈悄悄离开。

孩子：妈妈，我不要上幼儿园了。

妈妈：宝贝，去找老师。

孩子转身发现妈妈不见了，焦虑加剧，入园难度增加。

正确的方式

✲ 让孩子拥有生活自理能力。

孩子：妈妈，我想喝水。

妈妈：好啊，你的小水杯在餐桌上。

孩子能清晰表达自己的需求，具备自我独立吃饭、穿衣、睡觉的能力，有助于孩子快速适应幼儿园。

✲ 分离练习。

妈妈：宝贝，妈妈要外出两个小时，中午 12 点回来，你在家好好玩儿。

孩子：妈妈再见。

妈妈：宝贝，妈妈爱你，会准时回来。

拥抱后转身离开，孩子即便有短时哭闹，也会在家长离开后很快融入群体。

入园前可以有意识地对孩子进行短期分离训练，让孩子逐渐适应暂时没有妈妈的生活，为入园做准备。

✲ 接纳孩子的情绪，让孩子爱上幼儿园。

孩子：妈妈，今天我不想上幼儿园了。

妈妈：嗯，啊，哦，哼哼哈哈……

妈妈顾左右而言他。一切照旧出门。

孩子：妈妈，我又改变主意了，这么丰盛的食物我可不想错过。

分离焦虑是一种正常的情绪状态，父母需要做的是放下焦虑、祝福孩子，接纳并相信孩子可以顺利度过。

养比生更重要，相反，如果父母在这一时间疯狂地偷工减料，孩子一进入小学，问题便会频发，父母将无从下手。

发展心理学认为：幼儿期是孩子发展的关键期，每个人的童年经历，已经为他长大以后的心理发展埋下了一颗种子，决定了他的人生走向。因此，建议读者朋友们，无论多么艰难，父母都要把孩子放在身边抚养，认真观察、品质陪伴孩子的每一步。

0～6 岁是孩子人生大厦打地基的重要阶段，父母的爱与陪伴是滋养孩子生命的血液，决定了大厦的高度与韧性！只要在 0～6 岁期间掌握好了如何做父母，付出 70％以上的努力，孩子进入小学后会越来越容易、越来越轻松。

第五堂课

望子成龙　望女成凤

上篇　儿子成功要素

本篇献给全天下的男性朋友。

作为父母的儿子、妻子的丈夫、孩子的父亲，作为社会生活的中坚力量和家庭生活的中流砥柱，男人，很伟大。

在探讨如何养育儿子之前，作为父母，我们首先要探索男性力量，探索第一性的奥秘。懂得了自己，在养育儿子的过程中方能从容自如。

请男性读者凭第一反应回答以下问题：

你是父母的好儿子吗？为什么？

你是妻子的好丈夫吗？为什么？

你是孩子的好父亲吗？为什么？

作为男性你自豪吗？为什么？

你对现在的状况满意吗？为什么？

人生中发展顺利的是哪些方面？归功于哪些因素？

人生中状况不断的是哪些方面？是什么原因造成的？

未来如何守好家庭幸福、事业成功？

你想孩子将来如你般生活吗？为什么？

你清楚父亲的生活模式对孩子未来的影响吗？

你清楚你与孩子的关系对孩子未来的影响吗？

带着这些问题，我们从本篇中寻找答案。

女人心目中的好男人——努力为家庭奋斗，事业成功，家庭幸福，诚信富有，沉稳低调，健康平安，爱孩子，如此足矣。

男人和女人天生的社会分工不同，得到幸福的方式也不同。男性一定要成功，因为成功而幸福；女性一定要幸福，因为幸福而成功。因此，养男孩儿和女孩儿方向也有所不同。男女结合，成功、健康、幸福归属在家庭，家庭是婚姻与事业的栖息地。

何谓成功？成功指达到或实现某种价值尺度的事情或事件，从而获得预期结果。

决定男孩成功与否最重要的因素是原生家庭。

原生家庭对儿子成功的影响

作为父母，我们都是从孩子长大成人的。你的孩子很快就要长大，基本上 18 岁前后人类的孩子都要离开父母踏上独立的人生旅程。走向社会以后，儿子的所作所为、言行举止无一例外来自原生家庭的深远影响，甚至起着决定性的作用。

影响男人成功、健康、幸福的诸多关系里，最重要的是在原生家庭中与父母的关系。

与父母的关系是一个人生命中第一段人际关系，影响所有的人际关系模式、婚姻模式、金钱关系、情感方式以及行为习惯、情绪习惯、爱的习惯等。与父母关系的质量，决定人们以后所有关系品质。在与父母关系中发生的问题，会在其他关系里轮回，重复这个问题。

生命即是关系，父母关系决定了男人与一切的关系。一旦男人与父母的关系改善了，一切关系都会改善。无论父母是否健在，无论是否与父母同住，父母关系都会深刻地影响着男人生命、生活的每一个层面。

接下来，我们一一探讨男性原生家庭对男孩子未来生活的影响。

儿子与母亲的关系

母亲是人类的“底线”，母子关系是儿子成年后两性关系、亲子关系、事业金钱、健康状况的根基。与母亲的关系相当于与大地的关系，大地可以孕育万物，承载一切，与母亲的关系也代表与金钱、事业、婚姻的关系，处理不好则人生根基不稳。

误区

误区一：内在对抗。对抗母亲的男性从小到大对生命源头就有愤怒感，对女性容易愤怒，有攻击性，很难尊重女性，两性关系恶劣。他们走进社会后，对女性上司、同事或客户等有心理投射，内心排斥，工作开展困难，很难赚到钱。

男人：看着这些女人就不舒服，我不适合在女人手下工作，我要跳槽。

误区二：完全顺从。对母亲言听计从，俗称“妈宝男”。顾名思义就是什么都听妈妈的，妈妈什么都是对的，从小到大生活以妈妈为中心。这类男性在婚姻生活中往往造成婆媳长期不和，甚至家庭破裂，事业发展受阻。

女人：我们什么时候要孩子呢？

男人：我得问问我妈妈。

女人：我们单独住吧？

男人：我妈妈说还是住一起好。

女人：你喜欢我哪一点呢？

男人：我妈妈说你性格温和、懂事。

误区三：冲突不断。从小被母亲打击、贬低、数落，青春期开始简单粗暴对待母亲，成年后与母亲针尖对麦芒。这种男人内心缺乏爱，不认可自我！在事业和金钱上爱折腾，不容易守住财富和事业。两性关系辛苦，亲子关系疏离。

第三代：爸爸，以后你少管我的事情。

第二代：从小你就不让我省心，欠揍。

第一代：孙子咋跟你小时候一模一样？让大人一天不得安生。

误区四：怜悯母亲。从小可怜母亲，对母亲失望，觉得母亲没力量，太弱小。潜意识中对母亲的态度是：我会帮助你，你要依赖我。长大后表现得比母亲大，想成为母亲的父母。走进社会后经常被悲情女子所吸引；或者不自量力地照顾很多人，而冷落自己的妻子孩子，虚耗人生。

母亲：儿啊，你不能啥也不干天天陪着我啊，你多陪陪你媳妇和孩子。

男人：他们不需要我，我要陪着你。

没有谁可以脱离原生家庭的生活模式生存，所有的关系都来自与父母关系的延伸。

正确的方式

全然地接受母亲如是的样子，无论是意识还是潜意识层面，特别是潜意识。

亲爱的妈妈，我从您那里得到了生命。为了将我带到世界您所承担的压力和付出的代价，我无以为报，唯有活好自己来感恩您。

亲爱的妈妈，我全然地接受您作为我的母亲，您是最正确的母亲。我带着爱，接受你所给予的一切，无论是快乐还是伤害，我都全然接受。

亲爱的妈妈，您是大的，我是小的。您给予我生命就足够了，其他我所需要的，我将自己去创造。

儿子与父亲的关系

一个人跟父亲的关系就代表与天、与世界的互动关系。如果跟父亲的关系处理不好，这样的人往往外在比较文弱，或者是内心很脆弱，孤独、恐惧，与世界的互动，与领导、事业、金钱、财富、权威关系就会表现得被动、退缩。

误区

误区一：对抗父亲。男人对抗父亲，他跟世界就有距离，很难参与政府部门的工作，经常会和顶头上司对抗，跟一切保持距离。这样的男性喜欢独处，不喜欢社会活动，比较冷淡，这是因为中断了与祖先的联系，不被祝福，后背没有力量，内心容易脆弱、孤独、恐惧，没有办法成为一个真正的男人。

同事：今晚一起去聚会吧，大家都去。

男人：不喜欢热闹，不去了。

上司：你是不是对大家有看法，或者家里有事情？

男人：没有，就是不想去。

上司无语。

误区二：不尊重父亲。父亲在家庭中处于弱势，可能母亲轻视父亲，而儿子又认同母亲对父亲的轻视，或者因为一些事情认可父亲无能，这些男孩从小就不会尊重父亲，长大之后就会不断地向权威挑战，大多数会频繁跳槽，一事无成。

父亲：又换工作了？

男人：你就不要管我了，一辈子窝窝囊囊。我想换就换，此处不留爷，自有留爷处。

误区三： 屈从父亲。事事听从父亲的安排，毫无主见，生活在父亲的掌控之中。儿子憎恨父亲权威、武断的本质，可长大成人后却会渐渐吸引那些权威的、掌控欲强的人，在生活中任人摆布毫无主见。

朋友：你去替我上法庭吧。

男人：好。

朋友：把你存折上的钱借我用用。

男人：给你。

误区四： 因为某些原因讨厌或害怕父亲，也可能会变成跟他一样。比如从小受到父亲拳打脚踢，厌恶之极。成年后在婚姻和家庭中也会使用暴力解决矛盾。

父亲：你怎么对孩子下手这么狠？

男人：不如我小时候你对我下手力度的一半。

误区五： 当父亲的位置缺席时，儿子很容易发生成瘾行为，例如沉迷于电玩、抽烟、喝酒、吸毒等。

正确的方式

✲ 崇拜、仰望、接纳父亲。真正尊重父亲，被族群佑护，事业有成。

妈妈：在咱们家，你最崇拜谁啊？

儿子：那还用说，我爸爸。

✲ 母亲不在儿子面前诋毁他的父亲，让儿子更多地看到父亲身上闪光的地方。

儿子：为什么爸爸和你分手了？他不爱我了吗？

妈妈：爸爸的爱一直在你的生命里，现在有更多的人爱你。

奥巴马与母亲、继父和妹妹生活在一起，他的母亲从未在他面前说过他生父的坏话。美国总统奥巴马之所以能有今天，一个很关键的原因是，他的妈妈没有向他传递怨气，尽管她看上去有足够的理由向儿子抱怨不负责任的父亲，但她却每一次给儿子讲起父亲时讲的都是优点。

儿子与父母的关系

到了谈婚论嫁的年龄，为什么有些大龄男孩儿迟迟不娶或进入婚姻后状况频出？因为他渗透到了父母的关系里，儿子跟父母的关系将决定他未来的婚姻走向。

成熟的男人才能够拥有婚姻，一旦儿子纠缠到父母关系里面，灾难就开始了，而且不是影响一代，最少三代。他们在父母面前的傲慢或者纠缠，会原封不动地带到婚姻的关系里，是很有杀伤力的，两性关系很大几率会失败。

误区

误区一：对抗父亲，同情母亲。这实际上是恋母情结。如果一个男孩儿介入父母关系，把妈妈据为己有，其实就是在抗拒父亲。这样的孩子长大了，对其他女性是抗拒的，很难走入婚姻、尊重婚姻。

儿子：妈妈，我要找一个和你一模一样的女朋友。

妈妈：世界上哪有这样的人啊？儿子。

儿子：找不到，我就一直陪着你。

他们即使结婚了以后，仍紧紧拉着妈妈不放，很难看到对方，婆媳关系很紧张。婆媳关系的问题，跟两个女人无关，是关于两个女人面对一个男人，这一刻男人站在哪边非常重要。

误区二：同情父亲，对抗母亲。在父母关系里，父亲的地位没有被荣耀，也就是母亲太强势，蔑视老公，这样家庭的儿子往往很叛逆。男孩儿为了生存会屈服于母亲，但是内心对母亲充满了愤怒。他们容易对女人愤怒，尤其是强势的女人，但也容易被这种女人所吸引。

他们的婚姻关系中会出现下面的情况：

花心，不停地更换女性朋友，不愿意进入婚姻；

恨女人，家庭暴力；

不尊重母亲就不尊重女性，在自己的婚姻关系中也是对抗；

潜意识里对爸爸忠诚，会找一个强势的女人，自己过得委屈不得志，最终活成爸爸的样子。

女人：你这死鬼，再也不许出去喝酒了！

男人：烦死了，你怎么跟我妈一样？

误区三：父母长期两地分居或者状况不断，母亲很无助就朝向儿子，会对儿子有期待。儿子是无法拒绝母亲的期待的，从而无法进入婚姻或者在婚姻关系中不在位，他在潜意识中陪伴着母亲。

妈妈：儿子，妈妈又不舒服了。

儿子：妈，我来照顾你。我不会离开你，我会照顾你一辈子。

误区四：母亲去世特别早，或母亲一直不在位，儿子对母亲的渴望从未被满足，就会找比自己年龄大的女人进入婚姻，或与女性交往界限不清楚，很容易造成情感伤害，因为他一直再找妈妈。

女人：你条件这么好，为什么要选择我？

男人：你的身上散发出一种浓浓的母性特征，深深地吸引了我。

误区五：纠缠在父母关系中。这类男性可能出现的状况：

没有办法完全接受生命；

人际关系发生冲突；

亲子关系出现问题；

财富出现问题；

习惯性放弃；

与整个世界存在疏离感；

想通过两性关系疗愈，寻找无条件的爱；

自我评价低；

用痛苦和不幸陪伴父母（即模仿、忠诚、认同）。

正确的方式

✲ 不评判父母，不卷入父母的关系，接纳、在位。

儿子：爸爸才是妈妈最爱的人，我不是。

妈妈：儿子，我爱你，但爸爸才是能陪伴我一生的人。

✲ 在父母关系里面回到一个健康的位置——孩子长大了，他的人生很顺利，无论婚姻、亲子、健康、金钱，都很顺利。

儿子：亲爱的爸爸妈妈，我要和你们过得不一样。然后退到我的位置上，以恭敬心、谦卑心祝福你们，不过多掺和父母的生活，不批评，不抱怨，不回应。

母亲：你爸爸不像话，太不像话了，你来评评理。

儿子：哦。

母亲：老了，他还是这么不懂事。

儿子：噢。

关于娶和嫁

在父母那里失望的人会把期待投射在伴侣身上，没有哪个伴侣能经受得住这种期待。对伴侣失望后，又把期待投射在孩子身上……在一代代传承中重复着同样的事情。

对于儿子来说，“娶得对”会令族群的未来有更好的发展。要教会儿子去发现合适的伴侣来引领家庭文化的走向，为上下五代人带来幸福吉祥如意。

男人选择另一半的误区

误区一：漂亮就行。

误区二：学历要高。

误区三：家里逼婚，无奈之举。

误区四：不知道为什么，就是她了。

成熟的方式

✲ 婚前看见家族婚姻的运转模式，有准备地进入两性婚姻生活。

儿子：我们单位很多情侣在恋爱时就进虹汇学习了，学习两性关系的方方面面，如女人格、男人格，婚姻，夫妻情侣模式等。

爸爸：这应该是最佳的选择！我们支持你和女朋友去学习，你们是幸福的一代人啊！

✲ 幸福婚姻，首选性情。

一个男人婚姻生活能否幸福，他太太的性情比任何事情都重要。她可能拥有全天下所有的美德，但如果她脾气暴躁、挑剔、唠叨，那么她所有的美德都等于零了。

—— 桃乐丝·卡耐基

关于“性情”二字，最原始的理解就是：性，性格、禀性和气质；情，思想感情，合起来就是指人的性格、习性与思想情感。

什么样性情的女人能激发男人的万丈雄心？来听听男人的心声。

男人：我喜欢温和、乐观、平静和喜悦的女人。

男人：我喜欢温柔如水的女人。

男人：我喜欢会浅浅地笑，深深地思考，任何时候都不会失

控的女人。

男人：我喜欢会撒娇的女人，生活中处处甜蜜和温馨。

男人：我喜欢轻、柔、缓、美的女人。

男人：我喜欢静静的、话很少，高贵神秘的女人。

男人：我喜欢宽容、淡定，没有大喜大悲，没有歇斯底里的女人。

男人：她的爱宛如潺潺溪流滋润心田的每一个角落。

男人在婚姻关系中的两个特点

✽ 不会爱一个不尊重自己的女人。

✽ 不会爱一个对自己妈妈不尊重的女人。

请男性读者闭上眼睛去感受一下你身边的伴侣。请女性读者闭上眼睛去回想一下自己能给伴侣什么样的感受。儿子一生中最重要的人，一是母亲，二是妻子。成功者必有好母亲，而对男人伤害最深刻的往往是妻子。娶对了，幸福绵长。

男人：娶了你，我三生有幸。

女人：嫁给你，我三生有幸。

请儿子牢记好女孩的特点，睁大眼睛去寻找有下列特质的女人：

非凡的气质（体现在从小衣食住行的精细）；

女性特质（外形与个性）；

优势（自信追求幸福人生）；

有用（生活的能力）。

妈妈：儿子，知道什么样子的女孩子可以娶吗？

儿子：起码她得让人赏心悦目吧。

爸爸：说得好，美丽一个女人，幸福一个家族。

妈妈：还有，最重要的就是懂你，懂男人与女人的不同，懂你的爱好，了解你爱吃的菜，尊重你，懂我们家的文化。

儿子：太具体了，妈妈，我也以她喜欢的方式去爱她。

爸爸：是的，儿子，要两情相悦，就像我和你妈妈。

妈妈：还有，女孩子要会教育孩子，知道如何养女孩儿，如何养男孩儿。

儿子：是啊，我们单位很多女孩子没有结婚就进虹汇学习了。我也喜欢爱学习的女孩子，这一点也很重要。

爸爸：这些女孩子，谁娶了都会有好日子啊！

男性生命中的女性力量及男性力量

“天行健，君子以自强不息”，体现的是男性力量；

“地势坤，君子以厚德载物”，体现的是女性力量。

一个男人生命中同时存在着男性和女性两股力量，男性力量阳刚，女性力量阴柔。

力量失衡的怪圈

正常情况下，男人的男性力量占上风，主宰男人去征服、去创造。一旦两股力量失衡，男人会陷入以下怪圈。

怪圈一：娘娘腔。

怪圈二：成为女性朋友的闺蜜。

怪圈三：同性恋。

正确的方式

✲ 没有子宫期待，没有性别期待。

父母：宝贝，你现在妈妈的肚子里，无论你是男孩儿还是女孩儿，妈妈都喜欢你、接纳你。

爸爸：儿子，你降生了，来到了我的生命里，这是上天的恩典。

妈妈：为了儿子的降生，我做足了功课，一定按照“白马王子”的理念来养育他。

✼ 告别娘娘腔，唤醒男性力量。

娘娘腔，指的是男人动作、行为、形象女性化。

据德国儿童行为学家的一项专题研究，大约6%的男孩在其上中小学，甚至进幼儿园时，即出现程度不等的娘娘腔现象，而且其中有一半在其成年后仍表现得奶油味十足。娘娘腔来自父母经常表达自己的期待或希望，儿子愿意为父母做任何事，朝向父母期待的样子。

爸爸：我真想有个女儿。

妈妈：我多么希望他是个女孩儿。

儿子：我会照着你们的期待生长。

✼ 回归，男孩儿要回到父亲那里才能拥有男人的力量，才能够获得家族男性的力量和祝福。

妈妈：儿子，你像爸爸一样健硕威猛。

爸爸：青出于蓝而胜于蓝。儿子，你是男子汉啊！

儿子：爸爸妈妈，我是纯爷们！

儿子成功的四要素

养儿子的四要素是“白马王子”。

我们来听听女人喜欢什么样的男人。

女人：帅气的外貌，健硕的身材，清爽自然……第一感觉好才会有想深入了解的想法。

女人：迷人的微笑是男人非常具有杀伤力的武器，给人温暖、亲近的感觉，如果有酒窝的话就更加完美了哦。

女人：温和的脾气，脾气一定要好，没有女孩子会喜欢一个一天到晚发脾气、性格暴躁的男人。

女人：勇敢上进，有自己的事业和稳定的收入。

女人：大气担当，浑身散发着一股男子汉特有的气魄以及沉稳的气质。

女人：有担当，有责任心，尊重女人。

女人：幽默浪漫风趣，能化解生活中很多尴尬的场面。

白：代表干净

女人喜欢干净的男子，干净卫生有利于健康进化。

误区

误区一：外表邋遢。

误区二：内心混乱。

误区三：父母无序。

误区四：长期处于杂乱无章的状态，工作和生活匆匆忙忙、冲突不断。

男人：家里连个下脚的地儿都没有！

女人：我从早忙到晚，你还嫌乱，那你自己整呗。

儿子：这件衣服是洗过的还是没洗的，都搅在一起，我分不出来。

正确的方式

幼年体验全盘吸收，儿子从小生活在干净有序的环境中，井然有序。

我们来听听男人心中家的样子。

男人：我喜欢一推开门看到的是家里一尘不染的地板。

男人：我喜欢沙发和茶几上简洁明了，没有杂物。

男人：我喜欢打开抽屉和衣柜一目了然。

男人：我喜欢看到厨房灶台上清爽整洁，没有油渍。

一家人仪态万方，生活井然，良性家庭文化运作。

独立：从3岁开始，最初可以从简单小事开始，比如让儿子从准备第二天幼儿园要穿的衣服开始，慢慢增加其他力所能及的事情。

妈妈：明天上幼儿园想穿哪件衣服啊？

儿子：我想穿小海豚T恤。

妈妈：是吗？来，宝贝准备一下，把它放在自己的床头陪你睡一觉，明天就可以穿了。

儿子打开衣柜，取出衣服，摆放在床头。

抉择：让儿子挑选“心动”。家长指导孩子学会区分心动的物品和需要舍弃的物品。

儿子：我喜欢这个蓝色的小汽车，我也喜欢这个红色的。妈妈，我都想要。

妈妈：宝贝，我们只能选一个。你把两辆小汽车都捧在手里，感觉一下更喜欢哪一辆呢？

儿子：妈妈，我决定了，买这个蓝色的。

放手：给孩子“独立空间”。即使家长再周到细致，等儿子过了3岁，也要尝试放开稚嫩的小手，让儿子自己来做，偶尔可以让儿子为难一下。

儿子：我忘带水彩笔了，妈妈你回家帮我拿。

妈妈：时间来不及了，妈妈8点钟约了牙医，怎么办呢？

儿子：哦，我跟小朋友借吧，明天一定先准备好。

个性：定义自己的色彩。

儿子：我的东西都是我最喜欢的蓝色，妹妹的都是她最喜欢的粉红色。

妈妈：对啊，有了自己的专属色彩，你们俩再不会互相拿错东西了。

亲密：和父母一起做整理。

妈妈：宝贝，今天我们一起来给你的房间施个魔法好不好？

儿子：好啊，我有点儿迫不及待了呢。

儿子：妈妈，你教给我的方法真神奇，我的房间变化真大。

妈妈：宝贝，妈妈的灵感来自“脸书”的创始人扎克伯格，他在网上晒出自己的衣柜，清一色的灰色。公众能看到他穿的衣服基本上都是灰色的T恤。

儿子：明白了，他知道对自己来说最重要的是什么。

妈妈：是的，在自己的生活和环境上一贯简约，才可以把更多的时间和精力专注在更重要的事情上。

儿子：我发现了，知名企业家的办公室大都干净清爽，没有一丝杂物。

爸爸：儿子观察力很强啊，在整洁舒适的环境中有效率地工作，思路很清晰，不容易出错。

爸爸：疏于整理和随时保持干净清爽两种状态，无论在工作效率还是精细度方面都是截然不同的。

儿子：我明白了！

马：代表金钱、财富

充裕富足的生活才能给女人、孩子带来稳定幸福的生活。

误区

误区一：仇恨金钱。

误区二：羞于表达金钱。

误区三：对金钱没感觉。

正确的方式

尊重金钱，从小正确表达金钱，与金钱密切链接，一生财源滚滚。

✲ 如何看待金钱？

儿子：妈妈，你说金钱永远是美好的事物，要热爱金钱、尊重金钱。我想要一个大钱包可以吗？

妈妈：当然可以，每个人的钱包就是金钱的房子。钱最喜欢住干净、舒适、宽敞、豪华的大房子。

儿子：我长大后要拥有世界上最大的钱包，在里面放上各个国家的钱。

妈妈：一定有好多人都在说，“哇，你家有一个特别特别大的钱包。”金钱会听到，一传十，十传百，大批大批的金钱会往咱们家跑来，吸引来更多的财富。

爸爸：金钱永远公平、公正，靠近愿意成为富人，为拥有更多的财富而努力工作的人。

儿子：真的啊？爸爸妈妈，我要成为富人！

爸爸：这是真正地认可金钱，热爱金钱。

✲ 赚钱是轻松的事情吗？

爸爸：是的，我赚的钱都是我安身立命之本，从事的工作是我此生最喜欢的事情，乐此不疲，享受其中的乐趣。

爸爸：孔子曰：生而知之为之上！我发挥了生而知之的优势部分，我是个幸运的人，拥有骄傲的事业。

妈妈：对我来说，挣钱就是挣功德，工作很轻松、快乐，没有刻苦和艰辛。

妈妈：我在工作中学习成长，然后再去助人学习成长，一边成长、成熟，一边赚钱养家是人生最幸福的事情了。

儿子：明白了，工作是快乐的，是有社会价值的，赚钱是喜悦圆满的，我也会融入在赚钱的喜乐中的。

✽ 如何使用金钱，才能够吸引更多金钱？

爸爸：我知道。首先，要让金钱喜乐圆满，就要在生活中朝向健康、成功、幸福感的方向去使用金钱。

爸爸：每一分钱在使用的过程中产生的成就感，会让金钱满足并且愿意一直这样产生价值。

儿子：我们每年都要进行的全家外出旅游就是让金钱产生快乐的价值吧？

妈妈：是的。这样使用金钱，金钱会吸引更多的伙伴来到我们的生命里流动。

儿子：我明白了，金钱不喜欢被关在一个地方不能流动。

妈妈：说得好，金钱是万物之灵，是有灵性的。金钱更愿意帮助使用它的人健康、平安、喜乐。金钱不能只是一个数字。

爸爸：我们不能将金钱过多地使用在疾病、伤痛、悲情的事情上，使用金钱的方向应朝向幸福生活、开阔眼界、享受时间和地球大资源。

王：代表占有一席之地

男人事业、财富的来源，在于它彰显了自己的优势、天生的才能，为社会做出了贡献，用他的能力换回了自己的财富。

误区

误区一：只有上名校才有出息。

误区二：只有成绩好才有出路。

误区三：从小到大上重点班才成功。

误区四：搞好学习就行，其他什么都不重要。

误区五：对儿子的优势视而不见，儿子永远与成功无缘。

误区六：儿子要全面发展，琴棋书画样样精通。

正确的方式

发现儿子的优势，放大儿子的优势，彰显儿子的优势。

学习成绩重要还是优势部分重要？其实，追求好成绩、访名师上名校、发展人际关系、勤奋刻苦等，不是所有人都适合走的路，唯独有一样——优势，是人人都可以走的成功之路。

妈妈：人生下来必然有优势，大自然既然安排孩子降生，就必然有它的道理。

妈妈：我相信，孩子在某一个领域比别人有优势，比别人竞争力强，注定出类拔萃。

✲ 什么是优势？

儿子的优势就藏在父母的尊重与认可中。

儿子：爸妈，什么是优势？

爸爸：优势是一直在你生命里存在的，不是后天培养出来的。

妈妈：在生活中多遵从自己的内心，这样才能找到你的优势部分，既轻松又容易成功。

爸爸：还有，假如人有100种优势，我们每个人天生的优势只占5%！上帝是公正的，给A就不给B，给B就不给A，不给A一定给B，都有出息，各有各的命。

✲ 发现儿子做到的部分。

和儿子一起回顾他做过的所有事情，不顺利的事尽量避而不谈。孩子干什么比较顺，就去注意这个方面。

妈妈：儿子，我们说说你轻轻松松就办成的事情吧。

儿子：好啊，我想想。

爸爸：我们一起放大你身上的每一个细节，那些从小到大在你身上闪现的长处就是真正的优势。

儿子：发现真正的优势在哪里，需要很长时间吗？

爸爸：是啊，不是一天两天，是一个很缓慢的过程，不能过早下结论。

妈妈：我同意爸爸说的，我们全家保持持续尝试的习惯，保持寻找你优势的长期习惯。一起加油吧！

✲ 事半功倍：在家中建立“优势墙”，微信朋友圈持续彰显优势。

日常生活中孩子最喜欢的、最愿意做的，做起来最轻松的，而且也容易出效果的，就是优势。你儿子的优势是什么？请列出十条，立即开始！写在优势墙上，发在微信朋友圈。

✲ 经常与儿子讨论优势。

在自己人生的河床上淘金子，找安身立命之处。高中明确，大学研修相关专业，大学毕业在业界小有成就完全可以实现。

妈妈：儿子，你想长大成为什么样的人？你清楚自己的优势在哪里吗？

儿子：我想成为一个能轻松赚钱的人。妈妈，你帮我看看我都有哪些优势啊？

妈妈：都在我的心里面呢，你听好了。

3 岁表演起音乐剧《动物狂欢节》，饰演小狮王惟妙惟肖；

6 岁手握麦克风担任幼儿园活动的领唱；

9 岁摄影作品刊登在《郑州晚报》；

10 岁成为音乐培训中心晚会的压轴歌手；

11 岁就站在千人的大舞台上与周虹老师同台演唱；

12 岁在小学毕业晚会上弹奏吉他；

13 岁自编自导自演创意小视频；

……

儿子：原来我的生命里蕴藏了这么多宝藏啊！我对自己的人生充满了信心！

子：代表文化、文明，有一定的知识，年轻态

误区

误区一：沉迷于悲情文化。

误区二：爱钻空子，耍小聪明。

误区三：淡忘了成功者，记住了失败者。

正确的方式

靠近成功、健康的人及文化，远离失败不良的人及文化。崇拜谁，其实就模仿了谁的文化格式。

爸爸：文化缩到一个人的身上是什么呢？就是一个人的人格，即一个人做人的格式。你将来是不是具有健康的人格，决定了你在成功的路上到底能走多远。

儿子：这么严重？

爸爸：是的，从今天开始，我们重新清理家庭文化，多接触一些各国强盛时期的优秀文化。

儿子：好的！太及时了！

男孩子亦正亦邪

在虹汇大家庭，每年都会举办虹汇宝宝参与的活动，让男孩子亲身接近健康成功文化。

养育儿子的过程中：

穷雌性，富雄性；

穷打击，富支持、信赖、尊重、赞美；

穷说教，富体验式教育；

穷给予，富奉献后索取；

穷逞强，富示弱；

穷呵护，富历练；

穷智商，富情商、财商；

穷劣势，富优势。

经常带孩子干点儿“坏事”。

儿子：爸爸，我的同学偷偷去网吧了。

爸爸：你想不想去瞅瞅？

儿子：有点好奇。

爸爸：走，爸爸带你去一次。

妈妈：奶奶说你爸爸小时候就孬孬的，可等他真正长成男子汉的时候，反而收放自如，财源滚滚。

爸爸：对！怪不得我遇事不慌，沉着冷静啊，原来是小时候干坏事不少。

儿子：爸爸，你真幽默！走吧，带我去网吧。

怎样让儿子帅气英俊

误区

误区一：穷养儿，富养女。

误区二：扮靓是女人的专利。

误区三：从来富贵多淑女，自古纨绔少伟男。

正确的方式

帅气的意思：漂亮、英俊、酷，使人感到惊艳的。可用来形容人物或事。形容人物时多指男性。

帅气的基本要求：五官标准，气质干净。

外貌是天生的不可更改，这里所说的帅气不是仅指外在那么简单，是要靠积累获得的，是在不知不觉的人生成长经历中慢慢转变，自然散发出来一种气势与卓越。

相由心生，境随心转。儿子帅气和相貌堂堂来自从小的自信，而自信永远来自父母的语言和父母在潜意识中对孩子的看法。这对儿子来说，是一种很高级的心理暗示，会让孩子照着父母朝向的方向发展——阳刚帅气或者猥琐丑陋。

亲爱的读者朋友，请不要吝啬你赞叹儿子的语言。

✲ 经常赞叹儿子的五官身形。

妈妈：看你的头发又黑又亮，长大了让专业的发型师给设计设计，得多有型啊！

妈妈：看这奔儿头，跟爸爸一样有福啊。

妈妈：大眼睛，浓眉毛，翘鼻子。

爸爸：这身上的肌肉块儿够结实！

✲ 随时随地赞赞扬儿子日常生活的讲究之处。

儿子：我要洗澡，洗完澡真舒服！

妈妈：每天都洗得干干净净的，妈妈亲一个。

妈妈：洗澡及时更换内裤，讲卫生。

儿子：上体育课了，我换身衣服去。

爸爸：身上从没有汗味儿，真是讲究的孩子！

✲ 时时处处夸赞儿子衣食住行等生活的方方面面。

儿子：妈妈，这件衣服怎么样？我喜欢这种蓝色。

妈妈：这是今年的流行主打色，儿子你走在了潮流的前沿啊。

儿子：配上这条裤子吧？

爸爸：眼光独道啊，这样搭配大气、有时尚感。

儿子：我要每晚坚持做俯卧撑。

爸爸：支持你，“男神”就是这样出炉的。

✼ 重视生活环境、家庭场域。

儿子是面镜子，映射出父母的影子。

父母体面，穿着讲究，举止高贵，儿子潜移默化地也会变得相貌堂堂，卓尔不凡。

母以子贵，子以母贵，将门虎子就是这个意思。父母与儿子相互成就，彼此荣耀。

儿子：同学们都愿意跟我做朋友，来我们家做客。

妈妈：为什么啊？

儿子：大家说我们家爸爸幽默、妈妈亲切，我天天都开开心心。家里充满了欢乐，充满了幸福。

亲爱的读者朋友，看到这里，您一定对如何培养“白马王子”有了答案和方向。最后，祝您的儿子成功、健康、幸福！

◎……下篇　女儿幸福要素……◎

本篇献给全天下的女性朋友。

在天地之间，你是一个人；

在性别中，你是女性；

你是父母的女儿；

你是丈夫的妻子；

你是孩子的母亲……

每一位母亲，都在用她的平凡诠释着母性的伟大。

养女儿，首先我们要探索自己的生命，研究自己的生命，才可以优化自己与女儿的生命关系。

请女性读者凭第一反应回答以下问题：

你是父母的好女儿吗？

你是丈夫的好妻子吗？

你是孩子的好母亲吗？

作为女性你自豪吗？

你对现在的状况满意吗？

你的人际关系怎么样？

人生中发展顺利的是哪些方面？归功于哪些因素？

人生中问题不断的是哪些方面？是什么原因造成的？

未来如何守好家庭幸福、事业成功？

你想女儿将来如你般生活吗？

你清楚父母的生活模式对女儿未来的影响吗？

你清楚你与女儿的关系对女儿未来的影响吗？

带着这些问题，我们从本篇中寻找答案。

人类历史发展由母系社会向父系社会转变，以男性为中心的人类社会延续了几千年。随着社会的变化，祖祖辈辈都以男孩儿为荣——男孩儿传宗接代、男孩儿分耕地、男孩儿撑门面等。而女孩儿将来是别人家的人，嫁出去的姑娘是泼出去的水，这类观念形成了祖祖辈辈必须要生养男孩儿的观念，重男轻女的家庭普遍存在，这就是中国现代女性苦难的由来。

已经为人父母的你，对生男孩儿、女孩儿是什么看法？我们这一代，不能再有子宫期待，不能生下女孩儿后给她取男孩儿的名字、给她剪男孩儿的发型、潜意识期待女儿朝着男孩儿的特征生长，这些对女儿都是毁灭性的伤害。因为，女儿只要彰显女性特质就是幸福的，女性因为幸福而成功。养女孩儿与养男孩儿是两个完全不同的方向。女儿一生的幸福，最重要的是用适合女孩儿的方式去培养她。但是否能够实现这个目标，女儿和父母的关系是决定性因素。

原生家庭对女儿幸福人生的影响

每个人的性格、为人处事、价值观、婚姻状态、金钱关系、爱的能力都源于原生家庭父母与我们的关系。

女儿与母亲的关系

“母是地”，大地承载万物，这种包容和接纳是人类伟大的女性力量。女儿紧紧跟随母亲，女性一代代传承着母亲的生活模式。女儿和母亲的关系决定了女儿以后与婚姻、亲子、人际、金钱、事业、健康的关系。

母亲是我们生命的源头，女性要回到母亲那里才能够做真正的女人，让自己更有阴柔之美，温婉坚韧；与母亲和谐，才能够得到家族女性力量的推动和祝福。反之亦然。

误区

误区一：与母亲对抗。这是女性对生命的破坏，这种对抗在很多女性生活中极其隐秘，影响着金钱、职业、健康、婚姻等关系。特别是女性的事业很难有起色，潜意识认为自己不值得拥有好生活、更多的金钱、更高的职务。嫁了富有人家，也能把家里的财富破坏掉。潜意识与母亲对抗的女性还往往体重一直降不下来。

男人：过几天你生日，我送你一条蜜蜡手链吧？

女人：要好几千元吧？

男人：你别管钱的事，想要就给你买。

女人：我不需要，太贵了。这些钱给你和孩子买衣服吧。

误区二：妈妈的乖女儿。妈妈说什么，女儿就做什么，从来不敢说出自己的想法。在成长中，女儿逐渐丧失独立人格、独立思考和解决问题的能力。成人后，母亲尤其会干涉女儿的婚姻生活，女儿的口头禅是“我妈说……我妈说……”，经常引起男人的愤怒，男人感觉自己娶了妻子的整个家族，妻子只是一个木偶，一个被母亲掌控的女人。很多关系都被家庭序位的混乱破坏了。

男人：我们晚上吃火锅吧？

女人：我妈说火锅用地沟油做的。我妈说晚上吃太多不好消化。

男人：我们周日去滑雪吧？

女人：我妈说滑雪太危险。

男人：我们去爬山吧？

女人：我妈说我身体不好，我不能爬山。

男人：你现在是跟我过还是跟你妈过？

女人：我妈说……

误区三：与母亲冲突。日常生活中，母女两个针尖对麦芒，显性矛盾。女儿的人际关系恶化，与周围的人也经常冲突；生活辛苦异常，身体常常出现问题；进入婚姻后，和伴侣的矛盾诸多，孩子也不愿意接近母亲。

妈妈：你又和同学疯玩去了？你可是告诉我去同学家做作业了。

女儿：你也天天说话不算数啊！

妈妈：我是你妈，你还能管我？什么态度？

女儿：你对我态度好过吗？

误区四：怜悯母亲。女儿觉得母亲比较可怜，承接了母亲的悲情文化，长大后像林黛玉一样，生活凄凄惨惨、自我怜惜，无力承担妻子和母亲的责任，经常泪水涟涟，扮演生活中的受害者，无法成为真正的妻子和母亲。

男人：咱俩周日去海边度假吧？

女人：不想去，回我妈家吧，我不放心她。

男人：每周都去，你住那儿算了，别回来了。

正确的方式

读者朋友，作为女儿，我们已经为人父母，很可能已经把自己与母亲的互动模式延伸到现任家庭。接下来的路该何去何从呢？

我们应当感恩、接纳母亲，与母亲和解。

母亲给了我们生命，无论如何你要全然接纳她，你才能有自己的生活。

下面这些语言你可以经常默念，此刻，找一个安静的地方，尝试以打坐的方式坐下来，想象母亲就在你的面前，你仰望着她。

亲爱的妈妈，感谢您给予我生命，我会珍惜这个生命，延续这个生命，您是我最正确的母亲，您给予我生命，足够了，我爱您，妈妈。

亲爱的妈妈，现在我有了勇气朝向自己的生活，如果我和您活得不一样，那是因为我爱您，我知道这也是您的心愿，我们族群女性祖先的心愿，请您祝福我。

亲爱的妈妈，现在，您是大的，我是小的。请原谅我曾经冒犯过您，我把您给予我的还给您，无论是伤害、过度期待、否定，还是您的心愿，我都还给您。我只是个孩子，我只是您的女儿，其他的我承担不了，我做得已经足够了。同时，我接纳您的命运，而我要做的就是活好我自己，这是我爱您的方式，请您祝福我。

亲爱的妈妈，过去我因为您所做的事情而责备您、抱怨您，我认为您不够好而想改变您。可是现在，我愿意重新接受这个事实，回到女儿的位置，您所给我的是最珍贵的，我不再向您要，如果我还有其他需要，我会从别的地方得到，谢谢您，妈妈。

当你真的认真把这些普普通通的文字默念出来，你的身心会有反应，那是冰封多年的爱在流动，女性接纳母亲才能接纳自己。把尊严还给母亲，回到女儿正确的位置。女儿与母亲链接的方式，也是和自己身体链接的方式。母亲给了我们完整的肉身，内在亲近、接受母亲的人，会体验到与自己身体的亲密链接，一切都会好起来。

女儿与父亲的关系

“父是天”，天无不覆，上天什么东西都能覆盖。女儿与父亲的关系代表她与世界的互动关系。女儿从父亲身上了解男性的沉稳、诚恳、幽默、执着、得体、洒脱等能量。当女性尊重、接纳父亲，女儿也会尊重男性并与之和谐相处。

误区

误区一：与父亲对抗。这样的女性对男性容易产生愤怒、有攻击性、脾气暴躁。有的女性体型会变得很强壮，进入婚姻后抢男人的位置，处处表现得比男性更强，伴侣、亲子互动困难。

爸爸：你们两口子过得咋样？

女儿：就那样。

爸爸：别怄气。

女儿：起码我比弟弟过得强。

爸爸：你跟他比啥？

女儿：男人都靠不住。

误区二：不尊重父亲。当父母吵架时，若母亲受到委屈，女儿把愤怒压抑在心里，日久天长，她会莫名地对父亲感到愤怒，因为孩子承担了母亲的愤怒，对父亲不尊重，一切都在潜意识里运作。长大后，这类女性对男性有投射，不尊重男性，特别是自己的伴侣；与孩子的互动也是问题不断。

爸爸：宝贝，来帮爸爸拿张餐巾纸。

女儿：……

爸爸：爸爸叫你，你听见了吗？

女儿：没有！

妈妈：……

爸爸：为什么？

女儿：就不要。你对妈妈不好！

误区三：爸爸的乖女儿。这类女性在原生家庭站在母亲的位置陪在父亲旁边，以父亲为标准发展未来关系。在婚姻中，女性没有长大也不想长大，女儿会把老公当父亲要父爱，老公会非常辛苦，不愿意回家，无心工作，性生活不和谐，很容易发生婚外情；亲子关系也很艰难。

女儿：爸爸，以后我长大了，找的男朋友要和你一样。

爸爸：世界上哪儿有像我这样爱你的人啊？

女儿：那我永远陪着你。

误区四：父亲位置缺失。这类女性会不停地寻求父亲的关注，两性关系中没有安全感，对世界充满怀疑。长大后会频繁更换伴侣，一直在寻求缺失的那份父爱，很难真正进入婚姻关系、亲子关系。

女儿：妈妈，我想爸爸了，我们班的同学都有爸爸接送，我也想让爸爸送我上学。

妈妈：你爸爸在哪儿呢？天天出差，一年也不回来几次，想他干啥？我们离了他也能过。

女儿：是不是我生病了爸爸就会回来了？

妈妈：……

正确的方式

与父亲和解。

与父亲的和解将会让女儿对生命有新的看法，认可自我、崇拜男性、婚姻美满、家庭幸福。与父亲和解的模式和与母亲和解的方式类似，请开始并且经常重复这种与父亲链接的方式。

亲爱的爸爸，感谢您给予我珍贵的生命。我是您的孩子，您给予，我接受。我完全尊重您和您的命运，我只是您的孩子，也只做您的孩子。我要把妈妈的位置还给她，我要告别您朝向我的男人了，爸爸，请您祝福我！

亲爱的爸爸，如果我活得与您不一样，这是我爱您的方式，请您祝福我。我也会用活得更好、更有尊严、更有价值来荣耀您。同时，我也会把您传递给我的生命传承下去。

亲爱的爸爸，您是最正确的父亲。我将属于您的命运、责任和伤痛都还给您。不管您做过什么，我们的关系不会改变。您给了我生命，足矣。无论怎样，我都是您的女儿，这个永远不会改变。如果我想要其他的，我会从其他地方得到。

女儿与父母的关系

卷入父母的关系是女性的魔咒。0～18岁的女性与父母的关系，是生活幸福的基础，这份关系影响着女性对于两性、婚姻、生养、亲子、生命、健康、事业、金钱接纳的态度。唯有从父母关系中脱离，才有发展成为成熟女性的可能，用足够的爱去滋养自己、伴侣和孩子。

误区

误区一：同情父亲，指责母亲。指责母亲就是在否定自己生命的源头，生活破坏力极强。这类女性成人后容易卷入别人的婚姻。潜意识对母亲有一句话：我比你强！有三种状况突显：

恋爱的男生比自己年龄大；

被有家庭的男人吸引，只对这样的男性有感觉；

出于对父亲的忠诚，不停地更换伴侣。

女儿：妈，他再打电话就说我不在家，我不想和他说那么多。

妈妈：人家为了你都离婚了，你又不理人家了？

女儿：妈，你不懂，有比他更好的。

误区二：同情母亲，指责父亲。这类女性会对男性都有看法，走向社会歧视、不尊重男性，在两性、婚姻生活中不停折腾，破坏力极强。

女人：能不能干点正事？除了打游戏就是和朋友吃饭喝酒。

男人：我就是做游戏开发的，不打游戏，怎么知道这里面有什么缺陷啊？你不懂。

女人：你说我不懂是吧？咱俩离婚，你和游戏过去吧。

男人：离就离……

误区三：复制父母的婚姻。女人对父母的婚姻模式具有继承性。

复制父母婚姻的例子：

父母长期分居或者感情不合，女儿无形中也找一个经常出差的男人嫁给他；

父母离婚，女儿离婚；

父母之间有第三者，女儿在自己的婚姻中重复这个部分。

妈妈：他又出差了？这半年才回来两天，你都快30岁了，什么时候才能怀上孩子啊？

女儿：妈，他出差是工作需要，他领导说，明年要把他调到非洲总部，到时候工资可高了。

妈妈：啊？日子咋过啊？

女儿：你和爸爸不就这么过的吗？

妈妈：苦啊，孩子。你不能像我们啊……

女儿：这样挺好啊。

误区四：受双亲一方早逝的影响。

如果母亲早逝：

这类女性陪在父亲旁边照顾父亲，长大后她们多半会找一个比自己年龄小的男性嫁给他，在婚姻中延续照顾父亲的生活模式。

她们潜意识中不接受母亲去世的事实，对父亲的再婚进行对抗。婚姻生活中丈夫和孩子会受苦，女性的恐惧、后退、怀疑、担心充斥家庭。

如果父亲早逝：

这类女性往往会不停地寻求父爱，嫁个年长很多的丈夫。发展诸多派生状况。

她们潜意识中不接受父亲去世的事实，对母亲的再婚进行对抗。生活中处处抗拒，严重影响现任家庭的健康发展。

工作中，我们发现了太多的误区，不可能一一列举。一句话总结：为人父母的我们依旧纠缠在父母的关系里，中国社会大多女性没有真正地出嫁，潜意识里始终与原生家庭在一起。

纠缠在父母关系里，女性可能出现的状况：

是个不愿意长大的小女孩儿；

不值得、不配得；

把幸福寄托在下一段婚姻或者下一段关系；

遇事容易放弃；

找不到适合自己的人生伴侣；

在婚姻中失去自我；

不愿意做母亲；

亲子关系紧张。

正确的方式

与父母和解，接纳父母的命运，尊重父母之间所有的发生。

作为孩子，我们没有资格评判或者改变父母的命运，父母的序位永远在我们之上。你会发现，接纳父母，就可以接纳自己、伴侣和孩子，平安无事、情绪平和、身体健康、事业顺利、财富充足。

女儿：爸爸妈妈，我要向你们道歉。

父母：什么事情啊？

女儿：从你们闹离婚的时候，我恨你们，特别是爸爸。

父母：事情都过去那么多年了，你咋还说？

女儿：那件事我一直无法释怀，我卡在了那一年。

妈妈：孩子，这是我和你爸爸之间的事，不是你的问题。

爸爸：即使当时我们分开了，依然是你的爸爸妈妈，我们会一直爱着你。

女儿：可是，当时我害怕、气愤，我渴望你们不是那样的父母，开始对抗所有的人和事，把自己活得很苦。

父母：我们能理解，放下吧孩子，好好过你的日子。

女儿：爸爸妈妈，对不起，我一直冒犯你们，今天还你们尊严，让我给你们洗洗脚吧，长这么大，第一次真正看见你们的不容易……

父母：我们很欣慰，孩子，其实我们也不知道为什么自己有些怕你，现在明白了。

女儿：你们是最好的父母，感谢你们给予我生命，仅此一点就足够了，我爱你们。

女儿嫁得好

女性从小女孩儿真正成长为女人，才能吸引来成熟、稳重、健康、成功的男人。

女性选择另一半的误区

误区一：男人要长得帅。

误区二：学历要高。

误区三：父母包办婚姻。

误区四：只要他对我好，其他什么都不管。

正确的方式

✲ 看到家族动力，带着良性的家庭模式走进婚姻。

妈妈：你表姐这周末结婚。

女儿：这么快？前段时间见她，她还发愁找不到男朋友呢。

妈妈：你姨妈说她是进虹汇学习了，发现自己潜意识里陪着父亲，她也大吃一惊，回家三口人探讨了几次，都清晰了。还真神奇，不久就找到男朋友了，看他俩多般配！女儿，你也老大不小了，咱们也去听听课吧。

女儿：真的啊？其实我虽然烦你们催我，但也想搞清楚为什么我就是害怕结婚。

妈妈：我有预感，这与我和你爸爸有关系，我也准备好了，为了全家的幸福，我们一起调整。

爸爸：我听虹汇电台节目说，与族群动力有关系，难道与祖辈的活法也有关系？

妈妈：关系大了，我听节目比较多，我们两个也是传承了父母的活法，都是不自知啊。

爸爸：好，为了子子孙孙，全家一起去学习成长。

✲ 嫁给谁？如何嫁？

女儿嫁给谁才能幸福啊？如何嫁才算嫁得好啊？

周虹老师有句名言圆满回答了这个问题：女孩子，要成为嫁给谁都可以幸福的人！

进入两性关系之前修习《两性关系课程》。

进入亲子关系之前修习《为人父母必修十堂课》。

夫妻相随相伴，一辈子共同学习成长，嫁给谁都幸福。

女性生命中的男性力量及女性力量

当一个女性的女性能量比较充沛的时候，她的气质、女人味就十足，柔美得让人呵护备至。如今很多女性的女性能量是失衡的，陷入以下怪圈。

女性生命力量的怪圈

怪圈一：女汉子。

怪圈二：短发，嗓音粗哑，中性特征。

怪圈三：四肢粗壮，膀大腰圆。

怪圈四：阴气太重，阳气缺失。

正确的方式

由女性力量主导生命，生活中带着觉知，弱化生命中的男性力量，强化女性力量。

父母与女性自己都要接纳女性的性别，心甘情愿做女人。

女儿：爸妈，我终于来例假了！

妈妈：太好了，我们去饭店好好庆祝一下。

女儿：我可激动了，不知道为什么。

爸爸：爸爸去给你买束鲜花，做女孩儿就是好！

不要让一个女孩子不接受自己的性别。一个注定是女性的人不想做女人，偏偏想成为男性，那就悖逆了人的天性，那么这个人注定是个不幸的人。所以，父母要接纳女孩儿的性别，她的性别无法改变，父母对孩子性别的否定，是对孩子生命最大的否定。所以，家有女孩儿，要按她的天性去培养她。

养女儿的四要素

养女儿的四要素：高贵、身材适中、学历适中、有用。

高贵

对高贵的认知每个人都不同，其实，我们通过一些词语对比更为清晰，让人触目惊心：高雅、高尚、尊贵、昂贵；卑贱、下贱、低贱。

误区

误区一：要想把女儿养得高贵，就要舍得花钱。

误区二：满足女儿的一切物质需求，想要什么给她什么。

女儿：爸，我的手机不喜欢了，再给我买个新的吧。

爸爸：好，买个最贵的。

女儿：电脑也落伍了。

爸爸：好，咱换最贵的。

正确的方式

从衣食住行各方面，滋养女儿的生命。

从女儿出生开始到 18 岁，给女儿做一个 18 年的规划，衣、食、住、行都要花心思，是一种精致的生活态度。

关于衣服

中国自古以来是礼仪之邦，所谓礼仪则分为“礼”和“仪”，礼的第一项就是穿着，女性世界给人的第一印象就是衣着。“衣食住行”中也只有衣是他人一眼就能看到的，所以衣相对女性生命来说是比较重要的。很多女性“不值得、不配得”的习性就是从“衣”来的。

✲ 误区

误区一：小孩儿没必要买衣服，哥哥姐姐的就够她穿了。

误区二：天天穿这么漂亮，到学校肯定没心思学习。

女儿：妈妈，这条裙子真漂亮，我想要。

妈妈：太贵了，100 多元呢，咱再看看别的裙子。

女儿：我只喜欢这条，别的我都不喜欢。

妈妈：你有两条裙子穿就行了，长这么快，明年又不能穿了，浪费！

✲ **正确的认知**

父母买给孩子的不只是一件衣服，那是来自原生家庭的支撑。

妈妈：女儿，夏天快到了，我们去买几条裙子吧？

女儿：好啊，好啊，我可以穿漂亮的衣服去上学了。

妈妈：这么喜欢去上学啊？

女儿：是啊，老师和同学总是夸我的衣服漂亮，问我从哪儿买的。

妈妈：好多妈妈一直头疼孩子早上不愿起床，看来得建议她们多给孩子添几套漂亮衣服。

女性要给世界带来美丽，衣物对女性很重要，一生丰富合体的衣服可以让女性更加自信。女性喜欢穿裙子，小些的宝宝喜欢穿卡通、公主之类的裙子，大些的宝宝喜欢时尚礼服。满足了各个年龄的衣物需求，丰盈的是孩子整个成长生命线。

有人会说，我们家条件不好，买不起那么多的衣服。

周虹老师曾经指导一些经济条件一般的家庭，在城市的批发市场仅用 200 元为女孩子购买 10 条优雅时尚的裙子。富养孩子，是对父母综合素养的考验。

现在网络这么发达，我们可以选择网上购物，在一家店买多了还能便宜，还可以夏季买冬季的衣服，冬季买夏季的衣服，有时候网店搞活动，或者尺码不全的，价格会更便宜，妈妈要有心，才能买到质量好、价格便宜的衣服。

关于食物

✲ **误区**

误区一：吃啥都行，只要能吃饱。

误区二：只看价格，不看品质。

误区三：对身体不好，不让吃。

女孩：老师，谢谢你给我的冰激凌，我要赶快吃完，妈妈来了会责怪我的。

老师：为什么？

女孩：她说对身体不好。

老师：好了，别舔了，看你馋的。

女孩：只能偷偷吃啊。

✼ 正确的方式

满足女儿对味蕾的需求。

女儿：妈妈，我想吃蛋糕房做的慕斯蛋糕。

妈妈：好啊，放学后我们一起去买。

女儿：爸爸，我还想喝鲜榨果汁，不喜欢喝饮料了。

爸爸：好啊，没有添加剂，更健康，以后爸爸每天给你榨一大杯。

女儿：你们总是这么好，我好幸福啊！

食物的品质对女性来说也很重要，充分满足味觉需求，是富足的心态，提升的是生活品位，是对品质生活的追求。

关于住

独立的空间，是对安全感的满足，是来自原生家庭的尊重和接纳，是尊严的日积月累。

✼ 误区

误区一：我家房子太小，没有办法给她隔出一间房。

误区二：随随便便侵占孩子的空间。

爸爸：女儿，亲戚来了，今晚让客人睡你的床。

女儿：我不喜欢别人睡我的床。

爸爸：这闺女，怎么越发不懂事了，听话。

女儿：上次这个弟弟都尿我床上了，都是味，上课我都没有办法集中听讲。

妈妈：小孩子，哪有这么讲究？

女儿：如果他再尿我床上，我也尿。

这是虹汇课堂发生的一个真实案例，孩子频繁尿床达三年之久。周虹老师让父母承诺孩子再也不许别人睡她的床，孩子竟然奇迹般再也不尿床了。

✼ 正确的方式：

女儿的卧室——家里风景最美的房间。

妈妈：女儿，看妈妈给你买了什么？

女儿：哇，白雪公主地垫，可以放在我的床边，白雪公主的床单和被罩，我太喜欢了，谢谢妈妈。

妈妈：还有蕾丝边的大圆床，米色的吊顶幔帐。

女儿：好梦幻啊！妈妈，你真懂我啊！你知道我想要什么，我好幸福啊！

爸爸：喜欢什么就跟爸爸说。

女儿：我要邀请同学们来参观我的房间。

爸爸：当然可以。

女儿：想象一下在我的卧室里写作业的情景，感觉写作业都是享受啊。

女儿在家一定要有自己的卧室，不能让她和其他人混住一个房间，更不能让她和男性亲属混住一室。不管家里房子多大，哪怕装修出一个小隔间来，也要让她有自己的空间；即便经济不够宽裕，也可以用一块漂亮窗帘、一床亮丽的床品来点亮女儿的房间，让女儿享受尊贵的待遇。

女性被原生家庭的父母接纳、认可、尊重，长大成人以后更容易靠近富足、品质的生活。

关于行

行，是行路，交通。在这个方面，女孩子不比男孩子，更要特别对待。

✼ 误区

误区一：无论女孩儿男孩儿都一样，要经常摔打历练，一个人回家，学习认路，锻炼独立生活能力。

误区二：对孩子的代步工具无所谓，按照自己的意愿选择。

孩子：妈妈，周末我们同学生日，我要去参加。

妈妈：好的，早去早回。

女儿：爸爸去接我吗？

爸爸：自己坐公交吧，爸爸有事情。

女儿：同学们都是爸妈送的。

妈妈：咱没有这个条件，不能与别人家比。

✼ **正确的方式**

把女儿当作掌上明珠。

爸爸：女儿，自行车给你买回来了，是你选择的款式，嫩绿色的。

女儿：哇，好炫啊！爸爸，你喜欢吗？

爸爸：你喜欢，我就喜欢。

女儿：妈妈，周末我们同学生日，我要骑自行车去参加她的生日聚会。

妈妈：不行，爸爸去送你，聚会结束后再去接你。

女儿：为什么啊？

爸爸：你是女孩子，晚上自己回来不安全，你是我们的掌上明珠，我们要照顾好你。

女儿：我什么时候可以独自外出啊？

妈妈：上初中以后吧，孩子。

爸爸：无论你多大，只要你未出嫁，去边远偏僻的地方还是我们接送你，宝贝儿。

女儿：你们太好了，我将来也会这样爱我的孩子。

爸爸：周末爸爸一定把车洗得干干净净的，送宝贝儿去参加聚会。

父母用心把女儿的衣、食、住、行都安排好，女儿感受到了家给予她足够的爱、重视和尊重，她自己也会不断变得强大，随之高贵起来的是女儿的整个生命。

身材适中

误区

误区一：女孩小时胖，长大会瘦的。

误区二：肥胖是遗传，无法改变。

误区三：女孩胖是富态。

误区四：胖不会影响女儿的心理、学习、交友。

误区五：小孩子就应该多吃长身体。

妈妈：女儿，今天是自助餐，我们不减肥啊，多吃，否则就亏了。

女儿：妈妈，同学都说我是胖猪，我想瘦。

妈妈：以后再说，今天咱俩不减肥，妈妈也胖，怕啥？

爸爸：吃，胖是身体好。

正确的方式

控制饮食，使身材适中。

凡身材适中的人，在生活其他方面的发展会更容易些。体重代表一个人的自控能力，能够控制身体，意味着可以顺利发展情感、人际、健康、财富、职业。

妈妈：这是什么啊？

女儿：妈妈，今天学校体检，医生说我的身材保持得很好，没有超重，大家都很羡慕，我会继续保持的。

爸爸：有妈妈的功劳，小时候喂你吃饭，每当你看见食物扭头，我们就不喂了，你从来不贪嘴，最爱吃的甜食也是每天定量。

妈妈：妞很贵气，从小胃从来没有被撑大过，所以，妞这辈子不用为体重烦恼。

女儿：我还有身材适中的秘诀。要选择两种以上的运动方式来保持自己的身材，持续的运动会让人的皮肤更好，不松弛而且有光泽。我“平板支撑”可以坚持两分钟呢。

爸爸：我才能坚持一分半钟，你比我坚持的时间长，我要加油了！

学历适中

误区

误区一：没有学历怎么找工作？怎么养活自己？

误区二：学历越高越好，好找工作，还好找对象。

误区三：女儿学历高，我很有面子。

误区四：学历高，以后能找个好工作，工资也会很高。

误区五：父母学历不高，想让女儿考个高学历。

爸爸：看邻居家的孩子，人家是博士，多有出息。再看看你，只是本科学历。

女儿：爸爸，我会努力继续深造的。

爸爸：这才是爸爸的乖女儿，别谈男朋友分了心，专心读研，将来有博士文凭对象任你挑。

博士毕业以后，女儿发现无人可找，高不成低不就，成为大龄剩女。

正确的方式

遵循黄金年龄法则规划人生。

妈妈：女儿，上大学了，可以恋爱了啊。

爸爸：说说你的规划。

女儿：大学期间边完成学业边恋爱，大学毕业就结婚。

妈妈：是啊，其实两年时间完全可以了解一个人了。

女儿：对，大学时期是我的恋爱择偶黄金时期，我不会虚度。

爸爸：结婚以后呢？

女儿：婚后就要孩子，年轻生养孩子身材好恢复，30岁之前生二胎。

妈妈：好啊，还读研究生吗？

女儿：我计划到时边养孩子边读研，关于博士，等孩子人生地基打好了再考虑吧。

爸爸：是啊，学历与幸福生活其实关联不大，你看我们两个都没有高学历，早早结婚有了你，你妈最自豪的是你们两个上街经常被认成姐俩。

女儿：我明白，作为女孩子，幸福最重要，女性因为幸福而成功。

爸爸：女儿，你这都可以当老师了，看来你妈这虹汇的学费没白交。

有用

误区

误区一：女儿，你现在什么都不用干，只要学习好就行。特别是男同学，甭理他们。

误区二：让女儿干活？她那么小，碗破了、锅摔了怎么办？到最后还要我收拾烂摊子。

误区三：女儿从来都是笨手笨脚、窝窝囊囊的。

误区四：养孩子是结婚以后的事情，现今刚刚谈恋爱，不用学，我什么也没有学也把女儿养大了。

正确的方式

从家庭中培养出一个有用的女性，女儿 25 岁之前，辅助她不断地修习懂自己、懂异性、懂家庭的能力。

✲ 女性因幸福而成功，幸福的保障是有应对生活的能力。

女儿：爸妈，饭做好了，来吃吧，尝尝我的手艺。

爸爸：对了，你们出去玩的东西准备好了吗？

女儿：我是你们培养出来的，还不相信？来，看看。

妈妈：有湿巾、纸巾、卫生巾、丝巾、防晒霜、雨伞、U盘、身份证、笔、手机、充电器、钥匙、瑞士军刀、现金、零钱、银行卡、太阳镜、帽子、急救包……女儿你准备的真齐全，真能干！

爸爸：谁娶了咱闺女，谁幸福啊！

✲ 从幼儿园开始就让女儿与异性交往，在交往中不断成长，等到谈婚论嫁的时候顺利发展。

女儿：妈妈，这个男孩子是我最中意的。

爸爸：说说看为什么。

女儿：他的家庭文化与我们家一样。父母恩爱，他与父母关系和谐。

妈妈：这是最重要的。其他的呢？

女儿：他对自己职业发展优势很明确，对金钱的表达很健康，干干净净、内外有序……

爸爸：有眼光啊，好好交往吧。

✲ 父母懂得如何教育孩子，把女儿养得成功、健康、幸福，那么女儿就会按照父母的方法去养自己的孩子，这是人性使然。可以在女儿未出嫁之前，送孩子来虹汇修习《为人父母必修十堂课》。

妈妈：孩子，你长大成人了，在没有真正恋爱、进入婚姻、养育孩子之前，爸爸妈妈想送你一个礼物。

女儿：什么礼物啊？

爸爸：《为人父母必修十堂课》。

女儿：我还没有结婚呢？

妈妈：我们当初就是盲目地过日子，你的人生可以与我们不一样，有准备地做事，做有准备的事！

爸爸：孩子，无论是对自己还是对家庭，做个有用的人，不是虚耗，是真正的给出爱。有用的人懂得施与受平衡的大道。

女儿：好的，我一定好好学习，成为一个真正有用的人。

美人，来自原生家庭

误区

误区一：唉，女儿啊，咱长得丑啊。

误区二：漂亮不安全。

误区三：好看是长大以后的事情。

正确的方式

从小由内到外暗示、赞叹女儿的美丽。

妈妈：女儿，你好漂亮啊！皮肤白里透红，粉嫩的小脸蛋，大大的眼睛，长长的睫毛，看见你就想亲亲你的小脸蛋。

女儿：真的吗？让我来照照镜子看看我多美。

爸爸：宝宝头发乌黑发亮，像水墨画啊！宝宝真香啊！

女儿：我又美又香啊！

妈妈：女儿，现在青春期到来了，你的身体正在发育，要经常和自己的身体进行链接，经常跟你的胸部、臀部、腰部沟通，暗示自己的各个部位朝着你自己理想的身材去长。

女儿：妈妈，其实我一直在与身体链接，很多同学都羡慕我的身材。

妈妈：有效果吧？继续保持啊。

女儿：我会的，美丽会伴随我一生。

从小到大，父母的夸赞，会让女儿在梦里都开心。

女儿天生爱美，经常夸她漂亮，她就越来越好看。

父母认可、彰显女儿的美，父母用欣赏的眼光看女儿，女儿就会真实地爱上自己，相由心生，美丽人生。

女儿是我们生命的延续，望女成凤是父母的心愿，用爱来滋养女儿，女儿就会朝着荣耀生命的方向去成长。有爱的父母，才能培养一代新贵！

第六堂课

优势——孩子成功之道

天赋的力量大于教育的力量。

——法国思想家、文学家、哲学家伏尔泰

什么是真正的成功

误区

误区一：学习成绩好就能够成功。

误区二：上大学、上名校才能够成功。

正确的看法

优势——孩子成功之道！

孩子：爸爸，我担心自己学习成绩不好，将来不能成功。

爸爸：孩子，不必担心，你有你的优势。古罗马著名政治家西塞罗就说过，有天赋的人不受教育也可获得荣誉和美德，但只受过教育而无天赋的人却难做到这一点。

孩子：妈妈，我害怕我考不上名校让你失望！

妈妈：孩子，成功的秘密在于你能找出自己的天赋和优势，在开心玩的过程中把事做了，就成功了。妈妈愿意和你一起找到你的优势所在。

学校教育仅仅是知识的教育，不再是衡量一个人成功与否的标准，很成功的人并不一定是学历特别高的人，也不一定是从重点大学毕业的人，反而更多是有一技之长的人，正所谓“一招鲜，吃遍天”，有自己的优势是别人比不上的！

“飞鱼”菲尔普斯曾经是学渣，这并不影响 31 岁的他在里约奥运会结束后，获得总数 23 枚奥运金牌，他的成功足以被称为一个神话。

朱德庸并没有受过正规系统的美术训练，也不是什么高材生，从读幼儿园起，他就不是老师眼中的好学生，课堂上老师让默写生字，他永远写不对笔画，老师让背乘法口诀，他背了一遍又一遍就是记不住……可是，他天生对图形敏感，他在画画时才能找到自己的快乐，当漫画《双响炮》红遍台湾时，朱德庸已声名斐然。

修脚专家郑远元，善于修脚，技术超群，任何别人解决不了的问题他都能解决，他既没有高学历，也没有高背景，也没有人际关系，但在全国成功开了一百多家连锁店，一样可以功成名就。

比如孔子、爱默生、伏尔泰等，这些古今中外的思想家、政治家、文学家分别从不同层面阐释了天赋之对人的重要性。培养孩子，就是要找出孩子的天赋特长，并把天赋发挥到极致，进而变成孩子不可取代的优势。

什么是优势

误区

误区一：学习好、唱歌好、跳舞好等才是优势。

误区二：性格好、善良、听话、懂事等就是优势。

误区三：我的孩子天生没有优势。

误区四：我的孩子可是全才，钢琴过了六级，书法得过大奖，象棋拿过名次，游泳、滑冰都在行，有很多优势！

有的孩子可能很擅长跳舞，跳得很好，但是孩子很厌烦，因为是父母逼着去跳的，孩子自己根本就不喜欢跳舞，当父母有一天无法控制她（他）的时候，就会放弃，因此就不会成为她（他）的优势。

虹汇公益课堂我们采访过很多位家长，大家对“优势”的概念普遍迷茫，什么是优势呢？

正确的认知

❇ 优势是与生俱来的，一出生就植根于生命，每个人来到世上，都有优势，无一例外！

❇ 优势就是孩子擅长的、喜欢痴迷的、享受的，三者缺一不可。

深夜，孩子还在看厚厚的《中国通史》，边看边记录，一个人念念有词……

妈妈：这都看到第几本了？

孩子：第 11 册，讲到清朝的衰落和灭亡了。太佩服这套书的作者了！

妈妈：这些文字看起来有些生涩，能读懂吗？

孩子：当然！读起来身临其境啊！我们班同学都喜欢我讲历史故事，男生女生一下课就围着我问历史问题。上次我获得全校历史故事大赛一等奖，也有这套书的功劳。

妈妈：佩服啊！不过还是早些休息。

✲ 优势就是别人没有的，孩子做得比别人出色的。

正如美国作家奥尼尔所说：尽量发挥自己的天赋，用得其所，将来一定能在成功的路上登峰造极！

小菲尔普斯：妈妈，我的胳膊太长，我走路都走不稳！

菲尔普斯妈妈：乖，那我们就到水里去！

菲尔普斯身高 193 厘米，但是臂展达到 204 厘米；他穿 47 码的鞋子，脚踝非常柔软，就像鱼鳍一样有利于打水；他身长腿短，活脱脱一只会直立行走的海狮，相关实验发现菲尔普斯的身体、游泳方式和轨迹非常接近鱼类。

✲ 假如人有 100 种优势，我们每个人天生的优势只占 5%。

上帝是公平的，给 A 不给 B，不给 B，一定给 A，一个人不可能事事全才，一个人的优势最多只能占到全部优势的 5%。有可能 95%的方面别人比你强，但也有 5%是别人超越不了你的，只要找出自己的 5%就足够了！

✲ 优势的显著特征——变现能力！

只要能赚到钱的、挣到财富的就是优势，善良、懂事、听话等属于性格，不属于优势。

你的孩子数理思维能力强，将来有可能成为理财专家、金融家、刑警、参谋等。

你的孩子语言表达能力好，将来有可能成为主持人、作家、律师、演讲大师等。

你的孩子喜欢科学，热爱大自然，将来有可能成为科学家、植物学家或者探险家。

你的孩子具有音乐感知能力，喜欢唱歌，歌词听一遍就会唱，将来有可能成为音乐家、歌唱家。

你的孩子具有良好的绘画艺术能力，将来有可能成为画家、动漫大师、设计师等。

你的孩子具有良好的人际交往能力，将来有可能成为政治家、企业家、公司精英等。

你的孩子具有很高的动手能力，将来有可能成为 IT 专家、工程师或者发明家。

你的孩子具有体育运动能力，将来有可能成为体育明星、健身教练等。

你的孩子具有良好的自理自治和领导能力，将来就有可能成为团体领袖、企业领导、创始人、改革者。

优势可分为三大类

第一类：活动优势

有些孩子看见汽车就着迷，能够在汽车面前观察一个小时也不愿离开，他会比别人关注得更多。

孩子：爸爸，这辆车是什么牌子啊？它的发动机在哪儿？怎么打着火的啊？它是哪个年代制造的啊？……

有些孩子对收藏感兴趣，他会把马路上的树枝、石头等各种东西搬到家里来，这是一种爱好。

还有一些孩子对整理非常感兴趣，喜欢收拾东西，房间井井有条。

走进一家商店，孩子可能只关注一个笔筒：这个笔筒是什么材料的？下次又看到另外一个很特别的笔筒，每次进商场，他都只关注笔筒，仔细观察，这可能就是你孩子的活动优势。

活动优势有很多种，你的孩子对某一件物品、某一个事情特别关注、特别喜欢，到了痴迷的状态，甚至比别人稍微擅长的，就是他的活动优势。

第二类：学习优势

学习优势可分为两种：

✻ 能够展示出来的。比如舞蹈、音乐、科学、数学等。有的孩子父母双方都特别擅长数学，在遗传因素和后天影响的作用下，孩子就会表现出数学学习很好。

✻ 无法展示出来的。比如蒙特梭利、华德福、奥尔夫等这些教育法都是他们本人研究出来的，他们研究出了一套非常好的教学方法，这些人对于学习方法的总结特别擅长。

孩子：老师，这道数学题我觉得用这种方法更好。

这可能就是你孩子的优势，这是学习方法的优势——善于总结、善于研究。

在这两种方式中去区分，你的孩子是属于哪种类型的，后者一般是很容易被忽视、不易发现的，还可能被认为是投机取巧走捷径，对此，做父母的要有正确的认知。

第三类：关系优势

是指孩子在人际交往中的优势。

✻ 有些孩子善于语言沟通。

孩子：我能够把自己所想的清晰表达出来。

✻ 有些孩子善于投其所好。

孩子：我就知道她喜欢白色裙子，送她礼物的时候就送她白色的裙子。

这种孩子能够准确发现别人的喜好，在与人交往中往往事半功倍。

✻ 有些孩子善于赞美。

孩子：我总能发现别人好的一面，去真诚赞美，所以很容易建立良性关系。

如何发现孩子的优势

人生来就具有一定的天赋。

——美国思想家、文学家、诗人爱默生

误区

误区一：我的孩子什么都不行，一身的缺点，没有一点优势。

专家：请问你的孩子优势是什么？

家长：我的孩子学习不好，交际也不行，经常马虎、粗心，真是让人头疼……

专家：我是问你，孩子的优势是什么！

家长：……我的孩子没有优势！

误区二：以己之短比别家之长。

妈妈：你看看你们班的小红，从不让父母操心！

爸爸：你看看你，以后多向人家学习。

这类话对孩子最具有打击力和摧毁力。

误区三：急功近利、焦虑。

妈妈：孩子，只要你把学习搞好，别的什么都不用你管。

爸爸：你不好好学习，将来就考不上好大学，考不是上好大学，就找不到好工作，找不到好工作，以后可怎么生活啊？

误区四：忽视、打击、泯灭孩子的优势。

孩子喜欢收集糖纸。

妈妈：这孩子真有毛病，收集一堆废糖纸有啥用？

孩子喜欢布娃娃玩具，喜欢装扮不同的衣服。

爸爸：都多大了，还玩这些？就不知道学习！

当你的孩子有上述表现时，为什么不考虑孩子是不是在绘画、模特、设计等方面有潜在优势呢？或许这就是孩子的活动优势！

父母要做孩子生命中的“淘金者”，带着觉知去发掘孩子生命中的优势。

误区五：对孩子的缺点发现得十分及时，不遗余力地纠正。对于孩子的点滴进步却视而不见。

妈妈：这孩子真气人，吃饭好多毛病，总是挑食，真是让人头疼，不能吃点青菜啊？就知道捡肉吃！

如此当着他人的面数落自己的孩子，孩子心里当然不舒服，进而形成恶性循环。当孩子只吃肉时你不理会，当他（她）吃一口菜时大力表扬，孩子就会自觉控制，慢慢就会改变偏食的坏习惯。父母只有调整心态，才可能成为“淘金者”。

误区六：对孩子缺乏真正的鼓励和赞美。

别的家长：你家孩子这么牛啊？魔方闭着眼睛几十秒都能组装好，真了不起！

妈妈：还行吧，就爱瞎摆弄这些东西，整天也不知道学习。

别的家长：你家孩子字写得这么好，是练过书法吗？

爸爸：哪有这么好？一般吧。

在现实生活中，父母往往在孩子需要父母赞扬和鼓励的时候，却因为怕孩子骄傲而故作冷淡。中国孩子从不缺少打击，而缺乏真正的赞美。所以，作为父母，能够及时放大孩子的优势，持续赞美，是非常重要和关键的事。

误区七：要求孩子必须全面发展，哪科不行补哪科，补短纠偏。

妈妈：孩子，马上要小升初了，你数学不行，我给你报了一个奥数班，你要好好学啊！

孩子：我不喜欢奥数！

妈妈：那可不行，不上奥数，你怎么考名校？必须上！

绝大多数的家长认为要补短纠偏：孩子数学不好，就报各种各样的数学班恶补；孩子对音乐不感兴趣，却偏逼着孩子成为一个钢琴家；孩子本来是活泼爱动的性格，偏要逼着孩子学习绘画；孩子本来是沉稳冷静的性格，却逼着孩子去学习不喜欢的舞蹈……补短纠偏只会制造平庸！

误区八：事事要求孩子争“第一”，只有“金牌”“冠军”才是最好的。

孩子考了 99 分：那 100 分是谁呀？

孩子得了第二名：那谁是第一名啊？

孩子得了铜牌：那金牌是谁呀？

家长心中关注的永远是“第一”，事事都想赢，赢了就皆大欢喜，输了就全盘皆输。殊不知，人与人是有差别的，不可能人人都得第一，这种心态只会加剧孩子的自卑感、挫败感，打击孩子的自信心。

正确的认知

孩子没有好坏之分

孩子没有好坏之分，重点在于父母如何塑造、培养。

孩子：妈妈，我这次数学考试成绩不好，只得了 89 分。

妈妈：没关系，宝贝，这不是比以前进步了 2 分吗？你不用跟别人比，跟自己比就行了，只要每次进步一点点，你会越来越优秀。

很多家长总认为自己的孩子不够完美。其实，完美的孩子并不存在，每一个人身上都有优点和缺点。不能接受孩子的不完美，其实是对自己的不认可，人类成长的过程是不断完善自己内在的过程，孩子是我们成长的引领者。

“闪光点”可能成为真正的优势

家长要捕捉和放大孩子身上的每一个闪光点，那些从小到大在孩子身上闪现的长处都可能是孩子的优势，是孩子成功的基石。

孩子用刚买的彩笔画了很多成人看起来毫无意义、混乱的线条。

孩子：妈妈，快看我画得好看吗？这是小狗在跑步呢！

妈妈：哦，让我来看看，画得这么形象啊？瞧这颜色搭配得多漂亮！将来我们家有可能出个画家哦！

很多孩子在能握住笔以后就开始涂鸦，墙壁、床单、家具……到处都会有孩子的“杰作”，大多数家长都会立即制止：“别乱画了！”殊不知，这样就有可能扼杀了孩子绘画方面的艺术天赋，也会导致孩子失去对美术的探索热情，不再对绘画感兴趣，他的天赋可能被埋没。

每个父母都是爱自己孩子的，但是懂比爱更重要，在孩子涂鸦的时候，尽管你可能看不懂，可是你可以为孩子专门开辟一面墙或一个角落供孩子创作，再来一段轻音乐。当孩子解释自己的画时，请认真倾听，对孩子的作品进行收藏，还要标上日期等。你的孩子凭着惊人的创造力和想象力，将来就可能成为画家、设计师或者动漫人才！

赏识激发优势

要做赏识型父母，激发孩子的内在动力。

孩子刚刚进入小学一年级学习，生字听写 10 个字错了 7 个。

妈妈：不错嘛！哇！厉害啊！10 个字都对了 3 个了，咱们再复习一遍，相信明天一定能正确 5 个！

做赏识型父母，只看到孩子做得好的一面，只强化做得好

的，引导孩子朝向自我完善方向——注意力像阳光，照到哪里哪里亮！你得到的就是你所关注的。

即使全世界都在否定你的孩子，父母也要知道孩子的优势何在，前途何在，父母是孩子的底线、是孩子的命！每一个孩子都是一块璞玉，智慧的父母会按照先天的纹路雕琢出独一无二的宝玉。在赏识和无条件的爱中泡大的孩子，将会更早成功。

扬长避短成就优势

每个人的天赋、特长都各有不同，英国作家金斯莱说：天赋是每个人都有的，谁发挥自己的天赋，谁做事得心应手。

孩子偏科，从小对数字不感兴趣，数学成绩一直上不来，多年来，学习虽然非常刻苦，但成绩就是上不去。

爸爸：孩子，你其实一点都不笨，只是天生对数字迟钝，你有着高超的绘画天赋，画什么像什么，你天生就是为了绘画而生的，还是专心绘画吧！

孩子从此专心致志地把漫画当作唯一的追求，最终成为漫画界大师，这个人就是朱德庸。

不做“第一”做“唯一”

孩子：妈妈，我总也考不了第一名。

妈妈：没关系，宝贝，你从两岁半就表现出绘画优势。现在刚 10 岁就已经得到了国内、国际的很多奖项，每学期你都是班里的美术课代表，所有的同学、朋友都对你的画赞不绝口，说明你已经找到了自己的优势，将来你有可能就是一个大画家哦！

每一位家长都应该有这样的自信：不必认为自己家的孩子什么都不如别人，只要积极健康地挖掘潜力，每个孩子都会有出息。做不成“第一”做“唯一”，“唯一”的自己才是最高层次的“第一”，才可以成就未来“唯一”的“不可替代”的领袖。

发现孩子优势的方法

生而知之谓之上，学而知之谓之中，学而不知谓之下。

——孔子

回顾历史，首先找出自己的优势

作为父母，你是否找到了自己的优势呢？请回顾历史，梳理过去，那些从小到大在生活中比较顺利的，很容易做得比别人优秀的地方就是你的优势，找到属于你的那5%！

来看两个虹汇会员的优势成功发展范例。

范例一：

9岁，帮助妈妈卖布卖帽子；

10岁，帮助爸爸卖菜卖瓜；

11～15岁，妈妈改行做餐饮生意，她当收银员；

15岁放暑假，带着弟弟单独做蔬菜生意，赚钱买书；

18岁，上大学帮助学校招自考生，实现财务自由；

22岁，正式从事销售，先后从事快速消费品、培训课程和金融保险的销售；

33岁，成为某保险集团的销售冠军，在北京人民大会堂三楼金色大厅接受表彰。

显然，她的优势就是——销售能力。

范例二：

5岁，家属院里的小伙伴都愿意和她一起玩；

7岁，小学阶段学习名列前茅，常年担任班长；

15岁，进入高中，积极参加各种活动，跟同学、老师的关系良好，加入校排球队；

18岁，大学先后担任寝室长、班级宣传委员、体育课代表、排球队队长、系学生会体育部部长；

25 岁，参加工作第 4 年，担任项目经理，取得工程项目质量和安全双优良；

30 岁，任基层单位副职，做基层公司员工的管理工作；

37 岁，任集团公司部门正职负责人，成为为数不多的女干部之一；

42 岁，来到虹汇跟随周虹老师学习，4 个月时，加入了好师傅团队，参与好师傅竞选，已经收了 3 个徒弟；9 个月时，成为营销部副总监。

显然，这位姐妹的优势就是——领导力！

做到随时随地、不假思索、张口就能说出孩子的 10 条优势，而当别人问起你孩子的缺点时，你全然不知

请马上说出你孩子的十条优势，立即开始！写在纸上。

如果你能找出孩子的十个优点，那你就是优秀家长；如果只能发现孩子的五个有优点，那只能算是合格家长，但是如果一个都发现不了，就只能算是不合格家长了。

✲ 经常带孩子去参加自己的社交场合，让他看看爸妈是怎样和别人相处的，爸妈的优势在哪里，回去之后和孩子聊聊，逐渐帮孩子找出他（她）的关系优势。

妈妈：孩子，用咱们以前聊过的优势理念，你认为妈妈今天和别人交往的过程中，优势在哪里呢？

爸爸：孩子，你认为你在和小伙伴相处的时候优势是什么呢？

✲ 建立良好的沟通机制，每天固定时间跟孩子聊天。

妈妈：孩子，今天你最开心的事是什么呀？

爸爸：孩子，你认为你最喜欢什么呀？

妈妈：孩子，你觉得你做得最好的是什么呀？

那些外向的孩子优势展现比较多，而且展现得快，为什么呢？因为有表达的空间和时间，敢于表达，所以，我们要给孩子表达的机会，在聊天的过程中，你会发现孩子的优势，这些优势是需要父母用心去发现和记录的，从孩子语言初期的时候就要养成与孩子沟通的习惯。

✼ 和孩子一起回顾历史，让孩子参与进来，因为孩子对自己是最清楚的。

孩子：我喜欢阅读，爱好读书，作文一直被当作范文读，语文学起来很轻松，而且成绩总比数学好，我想我的优势是文科方面。

妈妈：对，你的优势是文科，将来可能从事文字工作哦！

孩子：我还喜欢游泳，一到泳池就兴奋，我会蛙泳、蝶泳、仰泳、自由泳，但我应该不可能成为菲尔普斯。

妈妈：是的，孩子，这可以算是爱好！

孩子：我特别喜欢画画，每次画画我就开心，所有的人都夸我画画好，我想我的优势是绘画！

妈妈：对，你从小对画画情有独钟，有很强的绘画艺术能力，将来做画家、动漫师、设计师也很不错。

培养孩子就要培养他（她）对前途的希望，一个人一旦找到了优势，哪怕只有一项优势，这个支柱就永远不会坍塌，孩子就找到了自己的安身立命之本，从此他（她）对生活充满信心，永远不会放弃自己！

✼ 积极响应孩子的兴趣发展。

孩子：爸爸，我想买一个毛绒玩具。

爸爸：一个男孩子玩什么毛绒玩具？太不像话了，爸爸给你买个玩具小汽车。

孩子：那我可不可以借邻居姐姐的玩？

爸爸：我们家买不起吗？玩具还要借，不行，不准借。

孩子：爸爸，我真的想要一个。

爸爸：这个事情不再商量了！

后来，邻居家的姐姐告诉孩子的爸爸，原来孩子要毛绒玩具是因为看到电视上“达人秀”节目的腹语表演，自己也有这方面的才华，希望也能带着玩具上台表演。爸爸真是后悔莫及，赶快买了毛绒玩具给孩子，又积极劝说他去表演，可是无论如何，孩子都不去了。

在虹汇课堂上，周虹老师经常要求家长要跟随孩子，怎么跟随呢？当孩子专注地做一件事的时候，家长不要打断他、打扰他。当孩子要和父母一起玩耍时，父母要全情投入地陪伴，在陪伴的过程中，家长就能发现孩子的兴趣所在，这个兴趣同时又是他擅长的、喜欢的、痴迷的、享受的，那么恭喜你找到了孩子的优势，因为兴趣是最好的老师，找到了兴趣，做什么成什么！

❉ 父母要鼓励孩子不断地“Keep trying”。

要“保持”这颗寻找孩子优势的心。根据经验判断，要找到孩子真正的优势，至少需要 4 年。4 年内能找到自己优势的人就是最幸运的人。如果 4 年内找不到优势，也不要气馁，就再不停地尝试。找优势，可以从孩子 1 岁开始一直尝试下去，如果真的能找到自己的优势，就可以拥有幸福人生了。

中国有句老话“工欲善其事，必先利其器”，发现自己孩子的优势在哪里，实际上正是在帮助孩子“善其事、利其器”。这是一个很缓慢的过程，不要过早下结论，更不可着急。生活中，父母要允许孩子不断尝试，多给孩子展示自己的机会，多创造条件让孩子接触各种新事物，从而创造更多机会发现孩子的优势所在。

亲爱的读者朋友，读到这里，您一定已经迫不及待地想要开始发掘孩子的优势了吧？接下来再为您介绍几个小妙招，助您线路更清晰。

发现、彰显孩子优势的小妙招

事半功倍——“优势墙”

父母要帮助孩子找到自己的优势，培养自己拥有一双发现优势的眼睛，锻炼孩子形成优势的思维方式。其中，在家中给孩子建立专门记录孩子优势的“优势墙”是发现孩子优势的一种事半功倍、行之有效的方法。

家里的一面优势墙上，父母每隔一段时间甚至每天都会往上增添一些新的内容，记录孩子一些重大的进步和表现出色的地方。让我们来看一看，墙上曾经写的内容。

1岁，特别喜欢听妈妈讲故事，安静专注；

2岁半，绘画作品《线条涂鸦》获得世界和平书画展幼儿组金奖；

3岁半，最喜欢成语接龙游戏，出口成章；

4岁半，喜欢创作想象画，并且能根据自己的画编出精彩故事；

5岁半，获《少儿书苑》少儿书画大赛金奖；

6岁半，开始上小学，第一学期就被选为美术课代表，获得学校举办的“冬籽杯”书画展一等奖；

7岁半，喜欢书法，字体干净整洁，荣获“西冷”杯书画大赛硬笔组一等奖；

8岁半，作文次次得满分，被老师当作范文在班里读；

9岁，文章《再回乡》入选《小学生作文选》全国发行，荣获“东方小作家杯”全国中小学生作文大赛二等奖；

10岁，通过中国书画等级考试动漫画六级评定；

11岁，古筝通过中国民族管弦乐学会专业等级考试七级评定；

12岁，喜欢写诗，擅长散文诗，出版《诗集》一本。

看了以上的优势记录，孩子的优势很明显就是写作能力、绘画能力。

优势记录本

每天晚上，妈妈忙完所有的家务，就会拿出优势记录本记录孩子成长的点点滴滴。

1岁8个月，宝宝一口气清晰说出“宝宝没有穿袜子”7个字的长句子；

3～6岁，幼儿园期间，是班里永远不变的男主持人；

7岁，参加郑州人民广播电台主办的小主持人大赛，千里挑一，取得三等奖的好成绩，决赛现场，不打稿子，出口成章，精彩完成自我介绍，充分彰显了语言天赋；

8～11岁，担任郑州人民广播电台《小铃铛》节目的小主播。

小学期间：被同学们称做“故事大王”，并在毕业典礼上表演脱口秀节目；

10岁，参加少儿成长教育系列短剧《邯郸学步》的拍摄，在剧中扮演一位老爷。时值暑假，天气非常炎热，古装剧着装好几层，老爷还要粘胡子，完成两天的拍摄之后卸妆去掉胡子时，皮肤都几乎掉了一层，可是孩子却没有叫苦。能够参加拍摄，除了天赋，更源自于对影视的热爱；

11岁，参演成语故事儿童剧《郑人买履》；

13岁，初中一年级下学期，学校进行心理学学科节活动，一人获得心理剧最佳编剧、最佳导演、最佳演员三项大奖。

从上面的成长记录可以看出，孩子的天赋在语言，这是老天赋予他的，在成长的过程中，他对电影的喜欢、热爱，逐渐彰显出他在影视方面的优势。

在陪伴孩子成长的过程中，利用优势记录本不仅可以每天记录孩子成长过程中的点点滴滴，培养亲子感情，还可以练就一双独有发现优势的慧眼，每天，都能用欣赏的眼光去发现孩子的优点，用不同的语言去表扬、去鼓励孩子的成长，发现孩子的优势所在，可谓是一举两得。

微信朋友圈——向宇宙空间下订单

妈妈利用微信当作一个展示孩子优秀的最佳传播渠道，通过吸引力法则，向宇宙空间下订单，每天都把孩子最好的一面、最出色的地方、最棒的表现第一时间通过网络发在自己的微信朋友圈里，朋友们见了以后，就会纷纷在下面点赞、夸奖、祝福！

给宝贝点 100 个赞！

真是个优雅端庄的小淑女！

好懂事的小帅哥！

真是个才华横溢的小才女！

孩子，为你鼓掌为你喝彩！

祝福亲爱的宝贝！

……

见了孩子的面，朋友又会对孩子大加夸赞，这也是为孩子贴“正向标签”的过程。

孩子，我经常在你妈妈的朋友圈看到你，你真棒！

孩子，你是怎么做到的？这么优秀！

欣赏、赞扬的目光总是围绕追随着孩子，走到哪里，都是赞扬声一片。

你会发现，人一旦有了优势并且不断地被人肯定与欣赏，他就会有源源不断的动力，越夸奖孩子，孩子就会朝着你希望的方向发展，变得越来越优秀！

最后，引用日本小说家、剧作家武者小路实笃在《人生论》中的一段话，来作为本篇的结束：人类只具有运用天赋的能力，而这种天赋又是多么丰富，倘若能将这些天赋全部地应用，那是太了不起了。

祝福全天下父母都能尽早挖掘出孩子的天赋，加以引导，使之成为孩子无可取代的优势。每个孩子都擅长、热爱、享受自己的事业，这将是多么美妙！

第七堂课

财商教育

至少在意识层面，所有父母都爱孩子，所有父母都希望自己的孩子一生富足。

有意识就一定有能力把孩子培养成富人吗？

答案是：不一定！

您是否准备好了？

我们一起从更深层次探讨财富运行规律和财商教育的真谛。

生命归属

亲爱的读者朋友们，请先闭上眼睛，来回答一个问题：

此生，您是穷人还是富人？

您的孩子未来是穷人还是富人？

关于穷人、富人的误区

误区一：我祖祖辈辈都是穷人，我这辈子也是穷人命。

误区二：我这辈子就这样了，将来孩子要成为富人。

误区三：我们家都是穷人，孩子不可能成为富人。

误区四：我身家上亿，依然不觉得自己是富人。

误区五：父母这辈子都受穷，我享受财富有罪恶感。

误区六：还是站在穷人队伍让我感觉更安全。

误区七：不知道何为富，多少钱是富人，迷茫。

生活中，这样的对话并不陌生。

孩子：妈妈，这个裙子真漂亮！

妈妈：看啥看！咱家又没钱！快走！

父母在孩子心中种下“不配得”的种子，孩子会在未来婚姻中不自爱、委屈、幽怨、一直吃苦，即便财富到来，也会想法推走。这就是大多数人一心追逐财富却又一生与财富无缘的实相。

即便暂时买不起，也要保护孩子心中的美好，告诉她（他）：只是暂时买不起，你依然值得拥有美好的一切。这是一个生命对另一个生命的慈悲。

爸爸：我这辈子很失败，就这样了，看我儿子的了。

孩子：爸爸，我要和你一样（我也要失败）。

这些都与“归属”相关。

“归属”即属于、归于，是一种从属关系的划定。

在家庭系统排列中，关于“归属”的呈现则是孩子被父母强烈吸引，对家庭有着醒觉性，始终有一个声音“爸爸妈妈我要和你们一样”，选择和父母一样的行为。

父母如果始终认为自己是穷人，不值得拥有财富，就会对金钱有极大的破坏力，孩子则会因为对家庭归属感的保护，宁愿弃自己于不顾也要归属于这个家庭的类型——失败、贫穷。

当归属感得到满足，大家亲密无间，心安理得；当个人归属感受到威胁，愧疚感让人感觉好像被排除在外或远离大家。

正确的方式

父母归属富人行列，孩子跟随父母来到富人行列。

✲ 第二代要在归属感里选择自己是富人，无论在意识层面和潜意识层面都要有这样的抉择。

✽ 第二代要先勇敢跟第一代分离，不管第一代是在哪个队伍，自己这辈子都要选择做富人，跟金钱无关，是生命的富有。

✽ 第三代跟随第二代来到富人队伍，不必再有罪恶感。

注：这里，第一代指孩子的祖父辈，第二代指孩子的父母，第三代指孩子。

虹汇家排课经常呈现这样的场景：

第二代：爸爸妈妈，我真的要离开了，回我的小家庭，过我自己的一手人生，我们值得拥有富足丰盈的人生，请祝福我吧。

第一代：祝福你，孩子，去吧，你可以和我们不一样。

带三代：爸爸妈妈，我要跟你一样！（我也要过富足人生）

这是我们这一代为人父母的伟大使命。

多年工作观察发现：

自身归属于贫穷、失败的父母，起心动念对孩子都是怀疑、否定、打击，会在孩子生命中不自知地进行破坏性行为。忠诚于父母的孩子们则会呈现出各种所谓的“问题”来回应父母的思想，吸引父母关注，这些都是纠缠，也是孩子不接纳父母的表现。

自身归属于富有、成功的父母起心动念对孩子都是祝福，是父母和孩子之间的关系和解的体现：父母允许让孩子从旧的族群动力中解脱出来，孩子和父母之间建立了接纳关系，大家不再以纠缠的方式链接在一起，孩子可以走向自己的新家庭，可以轻松活自己。

我们是经历过苦难的民族，战争、灾难、动荡在这个民族的潜意识中植入对财富的恐惧。然而事实是，我们曾经是世界上最繁盛的国家。中华民族儿女值得拥有成功财富人生，中华民族勇敢朝向富强繁荣本来面目。

财商教育，我们是有使命的一代。

灵性金钱

金钱是万物之灵，遵循宇宙法则流通，配合不同人的心灵状态去体验贫或富、失落或满足、恐惧或喜悦的感觉。

当一个人没有失去对金钱的渴望时，就不会真正失去金钱。

金钱是外在形态，心灵是内在实相。

一个人的金钱状态代表他所有的关系状态：父母关系、伴侣关系、亲子关系、自我关系、社会关系、职业关系、金钱关系、健康状况。

怎么谈论金钱

亲爱的读者朋友，您想过这个问题吗？

我们的语言是在和宇宙下订单，我们所有的生活现状都是自己之前“预约”过的。

回忆一下，平时您都是怎么谈论金钱的呢？也许会出现以下误区。

误区

误区一：钱不是好东西，要和金钱对立，钱会远离你。

误区二：花钱不是好孩子，不能乱花钱。

误区三：你爸爸就是有钱了才变坏的。

误区四：要那么多钱干什么？

误区五：钱真是难挣。

误区六：都是钱惹的祸。

误区七：我才不在乎钱。

误区八：咱就不是有钱的命。

误区九：你看我就不是爱钱的人。

……

孩子对金钱的初始认知一定是来源于父母，甚至是来源于父母之间不经意的日常表达。

妈妈：咱们邻居在外面又找一个小三，以前没钱时也没发现这人怎样啊？

妈妈：是啊，我们单位领导也因为查出来贪污两千万被双规了。

妈妈：唉！都是钱闹的！

孩子：……

潜移默化的教育往往最具渗透性。

回忆一下形容穷的词语：穷困潦倒、穷凶极恶、穷途末路……

说到富：富足安康、国富民安、富贵荣华、繁荣富强……

这本来就是两个能量场，是不同的选择和归属。

永远不要说任何事物的坏话，更是永远不要说钱的坏话，你的语言就是你的魔咒，说什么就回收什么！

当一个人肆无忌惮地评论钱，就会肆无忌惮地评论万事万物，包括父母、领导、政府、伴侣、孩子……这些恰恰暴露出一个人内在的匮乏和虚弱。一个女人，如果张口还在骂婆婆、骂男人，那么她和金钱的关系一定很糟糕。

若能遵从天地自然之道，不再去冒犯、肆无忌惮地评论、标签任何人，起心动念都是慈悲、是爱，钱，自然就来了，而且不仅仅是钱，还有大的福报。很多大富大贵的商人，并不是他财运有多好，而是他做人做到了慈悲心。

正确的方式

尊重金钱，正确表达金钱，永远不说金钱的坏话。

爸爸妈妈：孩子们，快来！发下周生活费了！

儿子女儿：谢谢亲爱的爸爸妈妈，谢谢亲爱的钱！

爸爸：为什么要感谢钱啊？

女儿：因为金钱为我们提供美好的生活，有了钱我可以买冰激凌，可以上美术课，可以给爸爸买生日礼物。

儿子：因为钱是我的好伙伴，它可以帮助我实现愿望！

妈妈：是的，孩子们，感谢金钱来咱家，感谢金钱住进咱家，咱们都爱钱！

女儿：我今天买棒棒糖把钱给收银员阿姨时还给钱说悄悄话了呢。我悄悄对钱说，“亲爱的钱，我爱你，谢谢你给我带来甜甜的棒棒糖，快去快回哦，带更多的钱宝宝回来哦。”

请注意观察一下，那些在生活中对伴侣、孩子亲密、有温度的人，都可以对金钱亲密友好表达。

金钱是衡量各种关系的尺码。

家排场上的“金钱代表”

金钱是有感觉的，能准确感应家庭成员之间的互动关系以及他们对自己的潜意识层面的表达。

“金钱代表”的语言表达

家排场上“金钱代表”的语言表达是对灵性金钱最直观的呈现。

金钱代表：你好长时间都不看我，我就离开了！

（金钱代表一直跟随，个案代表一直逃，只关注苦难、混乱，金钱离开。）

金钱代表：你为什么对我这么恨？

（个案代表对金钱有愤怒和恨，使金钱无法靠近。）

金钱代表：你口口声声说爱我，我一直在家，你却一直不在！

（个案代表尤其是女性眼里只有事业不愿回归家庭，金钱守在男人、孩子身边，女人貌似为钱在外奔波，却始终与金钱无缘。）

金钱代表：这个家太乱了，我待在这里不舒服！

（家庭成员始终和原生家庭纠缠，小家庭混乱，致使金钱离开。）

金钱代表：我好委屈！

（夫妻经常为了钱争吵，金钱夹在中间被冤枉，致使金钱离开。）

呈现的共性问题是：个案代表在意识层面想要金钱，在潜意识层面却推开、拒绝金钱。

这些状况的来源，一方面是归属感，另一方面是跟父母、族群的关系传承有关。

正确的方式

告别原生家庭，回归正确序位，与金钱和解、链接。

依然是家排场上的呈现。

场景一

女人：我想要钱，我想看我和金钱的关系。

金钱：我一直都在你家，你并不看我。

金钱：你看不上男人，我有愤怒。

……

女人：对不起，老公，我错了，请原谅，我回来了，我回来做你的妻子。

女人：对不起，孩子，妈妈错了，请允许我回来，回来做你们的妈妈。

……

金钱：现在，我感觉很温暖，愿意留下来。

场景二

金钱代表，上场。个案代表，面对。喜悦相拥。

个案代表：我喜欢你！

金钱代表：我也喜欢你！

金钱的“住所”

来，先自查一下，您的钱被这样的错误方式对待过吗？

给金钱提供“住所”的误区

误区一：钱被随意乱放，没有钱包，或者钱包里乱七八糟。

误区二：找回的零钱被拒绝，财运改变方向。

误区三：不捡路边的碎钱。

误区四：家里到处放钱，散财。

误区五：洗衣机成了点钞机，财运被洗净。

误区六：不把破损的钱当回事。

误区七：钱上留大名，财运被转。

误区八：当众撒钱，对钱是冒犯。

误区九：没有合适的钱包，不尊重钱。

正确的方式

尊重金钱，给金钱准备大房子，让金钱住得舒服。

爸爸：老婆，送你个新钱包！

妈妈：哇！好漂亮！有这么多放卡的地方，看起来可以放很多现金。还有放零钱的小袋子，我太喜欢了！咱们家的钱一定也喜欢！

孩子：爸爸，您为什么每年都送妈妈新钱包啊？

爸爸：钱包是钱的房子，让咱们家的钱住得舒服，会吸引更多的钱来咱家。

爸爸：孩子，来！这是给你的。让你的钱宝宝也住得很舒服。

虹汇课堂多次随机调查发现：

——凡是有钱人，钱包都是干净、漂亮，里面的银行卡、大钞、零钱井然有序，充分彰显出主人对金钱的重视和尊重。

更有会员钱包里还放着若干个国家的不同币种的纸币——与世界接轨，“欢迎世界各国的金钱到我这里来！”

——凡是钱包里胡乱塞着纸币、钢镚甚至杂物的人，大都还在经受贫穷的困扰。

钱是万物之灵，钱也会相互传递信息，会忠诚于尊重、喜欢它们的人。

现在，请想一下：

您的钱包是什么样子呢？

当孩子想要一个漂亮钱包时，您是什么反应？

虹汇宝宝都爱钱

这是一对7岁双胞胎虹汇宝宝，暑假期间，小兄妹俩爱上了“练摊”。

女儿：收摊喽！今天又是大丰收！

儿子：妈妈，我们请您吃麦当劳。

妈妈：我看到那么多小老板中，你们是销售最快、卖的钱也是最多的。真了不起！

儿子：那当然，我们进货之前就已经观察过了，进的很多是跟别人不一样的东西，我们还调查了附近的小朋友最想要什么。

女儿：我发现，销售是有技巧的，一是摊位要摆放整齐，这样顾客愿意来你这里；二是你要熟悉商品，能给别人介绍。还有，要找年轻的妈妈介绍，或者是爸爸，他们一般都会给孩子买的，不能找老人，老人看了半天还和我们砍价呢！

妈妈：你们可都是销售专家啊！

在这个过程中，孩子的观察能力、语言表达能力、自信心等都得到了锻炼和提升，同时，对所得收入的支配和管理让孩子很有成就感。

在这些“虹汇宝宝”的生命中，金钱是他们的好伙伴，财富可以创造性地拥有，这样的孩子长大后对商机更加敏感，和金钱的链接更深，18 岁以后很容易实现财务自由，未来轻松开启致富、守富、享福的成功、富有模式。

爱与财富

亲爱的读者朋友，请再次闭上眼睛，深呼吸，想象这样一个画面：

你站立在地面上，你的身后站着自己的父母，他们将双手放在你的肩上，支持祝福传递爱的力量。

在父母的身后站着你的祖父、祖母、外祖父、外祖母，双手放在你的父母肩上，支持、祝福、传递爱的力量。

在你的祖父、祖母和外祖父、外祖母身后，又分别站着他们的父母，双手支撑，传递爱的力量。

再后面，又是更上一辈的父母。

这样一代代往后排，直至生命的源头，那里有光、有智慧、有力量、有财富……

财富通过族群之间爱的链接传递到你的生命里，并朝向你的孩子，继续向前……

不被祝福的人会赚钱很辛苦，甚至经常有金钱流失。

一个人拥有财富的多少和收到的祝福成正比。

族群链接的误区

误区一：第二代和第一代以纠缠的方式链接在一起，内在依然住着受伤的小孩，无力承担第三代。

误区二：孩子不接纳父母的命运，站在父母之上的位置指责、抱怨父母。

误区三：夫妻之间相互指责、抱怨。

正确的方式

带着爱祝福伴侣、孩子、父母。

无论何时何地，想到父母、伴侣、孩子起心动念都是祝福。

——父母对孩子的祝福：这个孩子对我们的态度是所有孩子里最让我们感到舒服的，没有冒犯也没有评判，我们祝福这个孩子，祝福他一切顺利！财源滚滚！

——妻子对丈夫的祝福：我祝福我的丈夫，他是我此生最正确的灵魂伴侣，我愿意祝福他事业有成，财源滚滚！

——丈夫对妻子的祝福：我祝福我的妻子，她是我此生最正确的灵魂伴侣，我愿意祝福她乐享工作，财源滚滚！

——孩子对父母的祝福：我祝福我的父母，我接纳他们的任何命运，我祝福他们一切顺利！财源滚滚！

——对前任伴侣的祝福：我祝福我的前夫（妻），感谢他（她）对我生命的教化，他（她）是我生命中的贵人，祝福他（她）幸福安康，财源滚滚！

爱流动，财富自然流通。

阶段性财商教育

财商（Financial Quotient）最早由美国作家兼企业家罗伯特·清崎（Robert Kiyosaki）在《富爸爸 穷爸爸》一书提出。

它包括两方面的能力：

✲ 正确认识财富及财富倍增规律的能力（价值观、归属感的建立）。

✲ 正确应用财富及财富倍增规律的能力。

下面我们按照不同年龄阶段来看财商教育的实践方法。

3岁

误区

误区一：钱就是取款机里来的，没有了就可以取。

误区二：钱是捡来的。

误区三：对钱完全没有概念。

金钱概念茫然混乱的家庭，亲子关系一定也是混乱的。

超市门口，孩子躺在地上撒泼狂哭，旁边的妈妈一脸尴尬。

孩子：我就是买星球战士！啊啊！我就是要买星球战士！

妈妈：妈妈没带钱包，你先起来，咱们回去拿了钱再来好不好？

孩子：我不！你去那个取款机里取！那里有！

正确的方式

让孩子明白金钱是劳动所得。

妈妈请孩子一起去财务室领工资，回家后的对话。

孩子：妈妈，今天那个阿姨为什么给你钱啊？

妈妈：是妈妈这个月的工资啊，宝贝，是妈妈付出了劳动换来的钱。

妈妈：咱们来数一数有多少吧。

孩子：哇！这么多钱！我是不是可以买100个玩具！

妈妈：宝贝，来跟妈妈一起做一次家里的小会计吧，看剩余的钱能给你买多少玩具。

孩子：妈妈，我要做小会计！

妈妈：首先我们要拿出500元，是这个月的电费，然后是200元的通信费，然后是……

这个过程，妈妈讲得越细，孩子概念越清晰。

从小了解奉献和索取概念的孩子，将来会很平静，不会随随便便要那些得不到的钱和物品，更不会路边撒泼。

4岁

误区

不让孩子接触钱。

正确的方式

教孩子识纸币、分币。

孩子：爸爸，你钱包里好多钱啊！这个花的好漂亮！

爸爸：儿子，这是英镑。这些是各个不同国家的钱，是爸爸每次去不同国家时特意留下来的。小子，将来你也是要赚世界很多国家钱的人。来！爸爸考考你，看你认识多少？

一个人能拥有多少财富取决于内心格局，让孩子接触了解世界各地的钱币，是对孩子财富格局的培养，是和金钱链接，是最初程序——归属感的植入。

5岁

误区

孩子对物品价格金钱数量没有概念，无节制购物引发亲子冲突。

孩子：妈妈，我要买两个变形金刚和老公遥控汽车！

妈妈：你今天都已经买了三个玩具了，还买！

孩子：哇哇……

正确的方式

让孩子知道价钱与等价物。

孩子：1块钱可以买一个冰激凌，我手里的钢镚可以坐3次摇摆车，60块钱等于一箱牛奶……

让孩子一样一样去算，学会等价交换概念。

人类的货币和金钱就是从易货交易开始的，易货交易给孩子的启示：想要的金钱、物品不一定非要采取很直接的形式才能获得，等价交换是可以用很多种方式来实现的，比如虹汇大家庭为孩子们举办的易货交易活动。

孩子：妈妈，我今天用一副羽毛球拍换到了我一直想要的新款滑板！

妈妈：哦？太棒了！你是怎么做到的？

孩子：我一共换了4次才换到呢！

4次，起码要说服4个人和自己交换，这样的孩子有魄力、有毅力、有脑力！

6岁

误区

误区一：孩子还小，掺和啥家务活？

误区二：孩子还小，管理不了金钱。

家长对孩子的打击、否定是对孩子生命力最大的破坏。当你否定自己和孩子时，也会连带上面的父母祖先古圣先贤甚至下面的子子孙孙，我们是一个纽带。

当一个人习惯性自我否定和不尊重自己的时候，所有美好的事物都会远离，包括金钱。

正确的方式

家务活与零花钱结合；赚钱、存钱、储蓄等基本理念的引导。

培养孩子动手能力和计划能力；远期目标和近期目标；学会延迟满足。

小时候延迟享乐的行为最终转化成了更高的收入、更成功的婚姻、更大的职业满足感、更健康的体魄以及更充实的生活。

零花钱的定时定量发放也保障了孩子正常来钱渠道，避免发生孩子私自拿钱的状况。

孩子：爸爸妈妈，我想自己保管压岁钱，我想买一辆自行车，我们幼儿园小朋友都有自行车了。

妈妈：好啊！宝贝。我们先来做一个《愿望清单》吧，写下你最想要的十件物品，一个月后如果自行车还是你最想要的，咱们就买好不好？

爸爸：到时候，爸爸妈妈出一半，你的压岁钱出一半就好了。

妈妈：那剩余的钱宝贝准备怎么保管呢？

孩子：我要存到银行里。

爸爸：好！吃完饭咱们就去办一张宝贝专属银行卡！

制作《愿望清单》的过程，孩子的耐心获得长足的进步，进而能够做出更好的财务决策。

此时开始给孩子输入程序：零花钱会一直发放到 18 岁，之后就可以自力更生。零花钱要合理计算、有效利用。

而不是，18 岁前某天父母听完某节课回到家突然要求，让孩子措手不及。

更不是，18 岁后孩子财务状况一片混乱时父母再去抱怨。

7 岁

误区

误区一：家庭财务状况混乱，孩子会更混乱。

误区二：家长信口许诺随意毁约导致亲子关系紧张。

误区三：从来不给孩子发零花钱。

误区四：给孩子钱全凭父母心情。

正确的方式

家庭契约管理成就孩子财富人生。

根据家庭经济情况和孩子一起签订财务契约，书本费、玩具费、服装费、图书费、通信费、交通费、生活用品费等，都可以在契约书中约定呈现。

契约条款订得越细，孩子长大后对财富的掌控力越强。

孩子：妈妈，我们班的同学都特别羡慕我！可以每周都有零花钱，平时买资料也不用等着找爸妈要钱，还能根据咱们签的契约干家务活赚钱。

妈妈：那当然！宝贝。很多妈妈也羡慕我呢，你这么自觉学习，这么省心，还这么勤快！

孩子：我感觉很自豪哎！

妈妈：我也很自豪哦！

孩子：我同桌说回家也要和他妈妈签家庭契约呢！

随着孩子年龄增长，家庭文字契约可以逐渐演化为精神契约，让诚信成为家庭文化的一部分。

受诚信家庭文化熏陶的孩子言而有信、做事靠谱，未来靠本真惯性即可轻松取得领导、客户、朋友信任，优先获得商机，更快靠近财富。

8～10岁

人生只有节省是不行的，还要学会如何赚钱。

误区

孩子只管好好学习，赚钱是大人的事。

正确的方式

幼年赚钱体验成就孩子财富人生。

妈妈：亲爱的，快过节了，家里的抽屉需要清理，请保洁大概要100元，如果你愿意做，妈妈可以优先考虑你哦。

孩子：好，谢谢妈妈。

除了家务活，还可以给孩子提供一些力所能及的工作机会，比如复印、整理票据资料、活动摄影或者社区劳动等。

孩子人生的第一桶金来自于家庭，来自于父母的成就。

虹汇宝宝们挣钱还有一大法宝——优势！

虹汇大家庭一起为孩子们举办画展、演奏会、拍卖会、茶会等，孩子们利用自己的优势赚钱，轻松自信，收获满满。

父母鼓励孩子把零花钱、礼物和挣到的钱20%～25%存下来。在遵从家庭价值的前提下，他们可以花剩下的钱。

孩子和金钱建立健康互动关系，植入“我值得、我配得”意识，植入主动理财意识，成人后更容易拥有成功、财富。

10岁

误区

孩子只要学习好，不用操钱的心。

时下社会除了“啃老族”外，还有“月光一族”。日子总是过得辛苦，生活品质自然无法保障。

正确的方式

家庭日常生活理财成就孩子财富人生。

妈妈：通过刚才的家庭会议讨论决定，接下来的3个月，由“帅气男孩”掌管家庭财政大权，期间所有家庭开支杂项听从总管安排！

孩子：好激动啊！谢谢爸爸妈妈的信任！

爸爸：接下来你要对我和你妈妈的衣食住行负责哦。

体验过程即是成年生活预演。

孩子会主动精打细算计划分配，当然，由于经验不足、过度消费等难免捉襟见肘。父母只需跟随，只在孩子需要时给出建议。

成年财务自由与幼年理财体验、失败经验积累密不可分。

11～14岁：商机与创业

误区

误区一：只把孩子禁锢在课堂、补习学校。

误区二：学习好代表一切都好。

正确的方式

商机与创业成就孩子财富人生。

妈妈：下个月妈妈要去禅修，会外出两天时间。

妈妈：我和好几个阿姨正在挑选禅修服呢。

孩子：妈，我来帮你们挑好不好？你们直接来我这儿买（发现商机）。

孩子：您一直说我的眼光好有品位，上次我帮您挑的裙子好多阿姨都喜欢呢（彰显自身价值）。

妈妈：就这么愉快地决定了，妈妈相信你（信任支持）。

学习好不代表一切都好，学习差也不代表将来一定没出息。

财商教育的缺失是当今家长要面对的重要课题。

允许孩子去尝试、去体验、去发现。孩子不断发现商机的过程，也是探索安身立命之本的过程：

高中时期找到优势方向；

大学报考优势专业；

大学期间边学习、边实习、边赚钱；

踏入工作即是专业人才；

早早进入成功健康财富队列。

15岁

误区

误区一：马上要中考了，各种补习班都要抓紧！

误区二：学习是你当下的唯一任务！

越是幼年有成绩糟糕经验的家长越纠结孩子的成绩，这也是归属，将孩子归属于成绩差、笨，心怀恐惧紧盯孩子学习。

看似关心，实则破坏力十足。

正确的方式

储蓄与打工成就孩子财富人生。

孩子：快考试了，最近压力好大！我们班同学有的同时上6个补习班。

妈妈：孩子，你可以自主安排时间，比如周一至周五学习，周六陪爸爸妈妈，周日妈妈给你介绍个兼职去换换脑子、看看人生、顺便还能赚些钱。

孩子：妈，你真好！

孩子能够明白赚钱、工作是自己的人生使命，赚钱储蓄体验可以提升孩子的自信心和安全感，非但不会影响学习，反而能让孩子更放松、高效地迎接中考、高考。

16岁

16岁，孩子进入高中，即将踏入大学校门，财商教育课程的重要一节也在此时完成。

误区

误区一：孩子，你别委屈了自己，爹妈不缺你那点儿钱，咱家有。

误区二：孩子，咱家穷，你省着点儿花，可别乱花钱。

正确的方式

有序财务规划成就孩子财富人生。

通过梳理让孩子对财务计划有较为清晰准确的概念，为18岁经济独立奠定基础。

有序财务规划的孩子也可以有效规避成年后对金钱的破坏力。

孩子：按咱们刚才的计算，我上大学第一年就需要25500元啊。

妈妈：是啊，你有什么打算?

孩子：没关系，除去理财产品，我的存款还有9000多元，减去我第一年不准备谈恋爱的恋爱经费，还差15000元，还有两年才上大学呢，我有固定零花钱，过年有压岁钱，还有其他收入，我完全可以自己交学费！

爸爸：有出息！儿子。到时老爸送你一台最新款笔记本电脑！

孩子：一言为定！

爸爸：君子一言，驷马难追！

大学财务计划表

费用项目	每年的费用（元）	4 年所需（元）
学费	5000	20000
书本费	600	2400
住宿费	1600	6400
手机费	1500	6000
用餐费	8000	32000
服装费	2800	11200
交通费	500	2000
旅游费	2000	8000
恋爱经费	1600	6400
礼尚往来	600	2400
生日经费	500	2000
上网费	300	1200
其他零支	500	2000
合计	25500	102000

18 岁

让孩子 18 岁经济独立，和金钱建立亲密关系是财商教育的终极目标。

误区

误区一： 家里又不缺他那点儿钱。

误区二： 18 岁就让孩子经济独立多狠心。

误区三： 孩子还小独立不了。

误区四： 家里老人不同意。

误区五： 孩子不愿意。

正确的方式

轻松的经济独立成就孩子财富人生。

爸爸：亲爱的孩子，今天是你的 18 岁生日，祝贺你长大成人！来，咱们全家干一杯！

妈妈：从明天起，爸爸妈妈就不再给你发放零花钱了，但是我们完全相信你可以把自己养得好好的！

孩子：老爸老妈，你们就尽管放心吧！

财商教育男女有别

误区

误区一：富养女孩儿就是要花很多钱。

误区二：穷养男孩儿就是不给男孩儿钱，就是让他吃苦。

误区三：女孩儿证明自己不比男孩儿差。

因为父母的错误性别期待，导致女孩儿总想成为男孩儿，未来进入婚姻，性别错位引发的家庭矛盾频繁会造成金钱流失。

误区四：男孩儿认为自己不行。

父母的打击、否定或父亲陪伴的缺失造成男孩子缺少男性阳刚之气，成年后不敢主动靠近大额财富。

正确的认知

男孩子赚钱最重要

✲ 男孩儿因为成功而幸福。

✲ 人生格局确定财富结局。

女孩子享受金钱最重要

✲ 性别归属，让女儿享受做女孩儿。

从女儿几个月开始，妈妈每晚睡前把孩子从头到脚“检查”一遍，边抚触边赞美女儿的身体，让女儿从小喜欢自己是女孩儿。

妈妈：宝贝儿，来让妈妈看看。

妈妈：哇，这小脸蛋好滑嫩哦。哦，宝宝的头发好柔软，让妈妈亲一下。

妈妈：让妈妈摸摸宝宝的后背，来，还有小屁屁。哇，这小肩膀，将来穿裙子一定很好看……

孩子通过这种方式感受到父母对自己的爱和接纳。

✲ 生命归属，让女儿安心享受金钱。

父母从衣、食、住、行点滴入手，培养女儿高贵特质（详见本书第五章），引导女儿尊重金钱，正确表达金钱，懂得享受金钱。

女人是家里的风水，女主人守富享福家庭更富有。

虹汇电台财富类节目推荐

俺家孩儿都是小财主

财商教育从娃娃抓起，听故事中的龙凤胎妈妈分享财商教育经，质朴讲述，智慧无限。

从家庭主妇到营销总监

虹汇秘书长倾情分享财富故事，用自身经历告诉您：赚钱可以轻松喜乐！优势成就财富人生！

我和先生都是傻傻滴

著名企业家夫妇做客直播间，为您讲述当前经济非常时期，他们的企业为何兴旺依旧稳固发展……

我看不见钱

面对商机视而不见？想要赚钱张不开口？听虹汇女人分享，听周虹老师精彩解析。

随意借钱是对生命力的破坏

这是“躺枪率”很高的一期节目。借出的钱还没收回，更多的金钱又被莫名其妙借出，原来是和归属有关……听周虹老师细细道来……

从百万富翁到生活窘迫

故事嘉宾从百万富翁到生活窘迫的心路历程，周虹老师的深度解析，再次揭秘财富运行规律。

穷困潦倒不是艺术家的宿命

艺术家照样可以拥有很多财富！艺术家如何亲密拥抱财富，节目中见分晓。

注重品质的人更富有

注重品质的人更富有、发挥优势的人更富有、爱好和平的人更富有、女主人守富享福家庭更富有、谦卑的人更富有……虹汇电台财富系列节目用故事展现财富方向。

更多财富类节目，请关注“蜻蜓 FM、荔枝 FM、喜马拉雅”，搜索“虹汇电台”，每天早上 6 点准时更新。

起善心

动善念

出善言

行善举

积善业

享善果

祝福孩子们一生财源滚滚！

第八堂课

孩子的人际关系

生命即是关系。

为人父母者的生命关系决定着孩子未来的生命状态。

孩子未来能拥有健康的生命关系，一定是先从父母做起：父母关系、伴侣关系、亲子关系、朋友关系、金钱关系、健康关系、职业关系以及最重要的——与自己的关系。人际关系对人一生的发展举足轻重。

因为对生命归属感的需求，孩子总是在无意识中沿袭父母的人际关系模式，当您困惑于孩子人际关系问题时，不妨带着觉察先来梳理一下自己的生命脉络。当您的生命注入新的关系模式，孩子依然会选择“跟随”——爸爸妈妈，我也要朝向更和谐的人际关系前进！

家长与父母的关系对亲子关系的影响

误区

误区一：复制父母。

爸爸：孩子，爸爸觉得这件事可以这样……

孩子：我就是不用你管！

孩子摔门而出。

妈妈：唉！我小时候也是这样跟我爸吵，然后咱俩吵，孩子怎么就跟我一样了呢！

我们经常会发现自己幼年时期最讨厌父母的某些行为，却在成年后被完美复制，自己不经意间活成了父母的样子。同样，孩子也在复制我们。

这是生命的轮回。

带着觉知生活，为生命、为族群脉络输入新的良性程序，是我们这一代人的使命。

误区二：憎恨父母。

女儿：你们还我的腿！

母亲：孩子，我们当时也是迫不得已。

女儿：为什么当初我的腿伤势严重，你们却把我一个人扔在医院一年多，不管不问？

父亲：孩子，我们心中有愧啊！

童年有多失控，长大后就有多想掌控，遭殃的是小家庭中的另一半和孩子。

误区三：抗拒父母。

孩子：你们既然生了我，为什么不养我？

父亲：孩子，当时我们有苦衷。

母亲：孩子，我们只希望你更幸福。

孩子：你们太假了！

童年经历被送养或者寄养的人往往在生活中是抗拒和防御状态，看不见自己的幸福，更看不见新家庭的未来。虽然已经为人父母，却卡在童年无法自拔，与自己孩子无法链接沟通。

误区四：守住父母。

男人：为什么爸爸（妈妈）那么早就离开我？

父母：这是我们的命啊。

男人：我不接受。

幼年失去父母的人，潜意识不愿意接纳事实，一直守在失去父母的事件里，不敢过自己的幸福生活，更不会去关注自己的孩子。

误区五：恐惧父母。

爸爸：你怎么什么都做不好！

妈妈：你笨死了，就知道吃！

孩子恐惧无助，内在声音是：好吧，我会活成你们期待的样子。

从小不被父母肯定的人，生活处处是迷茫、恐惧，与财富很难链接。生活中对自己的孩子亦是处处否定。

误区六：报复父母。

爸爸：孩子，你会后悔的。

孩子：我就要嫁给他（娶她）。

妈妈：别这样伤害自己，孩子。

孩子：我不要你们管！

这样对父母存有报复之心的人，一旦进入婚姻就往往开始不满意，种种折腾，生了孩子以后会发生什么，读者朋友可以想象一下。

虹汇课堂上，面对泪流满面的试听提问者，周虹老师经常会问一句话：活成这样，你是为了报复谁？

经多年的亲子关系工作研究，我们发现大多数人都在自己与孩子的互动中不自知地复制或者延伸着自己与父母的状况，一代又一代。

也就是说，幼年时期受到过来自父母关系心理创伤的人，在与第三代的亲子关系中会沿袭第一代与第二代的互动模式。这些相似性普遍得令人震惊。

这里的第三代指孩子，第二代指本人，第一代则指孩子的祖父母。

当第一代与第二代关系出现问题时，第三代可能出现以下状况：

没有办法完全接受生命，很难爱上自己；

未来自己的亲子关系依旧出现问题；

财富关系问题百出；

习惯性放弃；

自我价值感低；

用痛苦和不幸陪伴父母（这是模仿、忠诚、认同）。

正确的方式

✽ 与父母和解。

第二代：妈妈，我想和您聊聊……其实自从爸爸去世后我一直不开心，甚至恨过您。

第一代：孩子，我能理解。

第二代：妈妈，我在虹汇学习了，现在我明白了，爸爸离开是他的命，这么多年您也不容易……妈妈，对不起，请您原谅我吧，以前都是我不懂事。

第一代：傻孩子，哪有父母记恨孩子的？妈妈祝福你，跟老公、孩子一起好好过日子，一家人幸幸福福的，让妈妈放心就是最好的孝顺了。

第二代：妈妈，让我好好抱抱您吧！

第三代：妈妈，我们也抱抱您！

这是一位虹汇会员的真实故事，从家庭一片混乱、焦头烂额到全家喜乐祥和，与母亲的和解是她勇敢迈出的第一步。

与父母和解是给自己的生命松绑，是良性亲子关系建立之根本。

✽ 回到自己的位置。

人一旦纠缠在父母关系的状况里面，灾难就开始了，而且往往是代代相传。

孩子在父母关系里回到孩子的位置，那是一个健康正确的位置，是真正的长大，他（她）的人生会很顺利，无论婚姻、健康、金钱、教育都是顺利的。

第二代：亲爱的孩子，过去我一直不在位，冷落你了，还经常把不良情绪宣泄给你，爸爸（妈妈）向你道歉。

第三代：我等待你们的关注好久了，以后我不打架了，也不故意顶撞你们了。

孩子与父母的关系，是这个世界最古老的关系，也是我们的第一份关系。父亲是我们生命中的第一个男性，母亲则是我们生命中的第一个女性，第二代与第一代的互动模式，决定了第二代和第三代的互动模式。

✲ 看见父母的爱。

作为已经为人父母的我们，很可能都是披着成人外衣的孩子。真正达到成熟强大，真正能够为人父母，关键在于我们在与父母的关系中能否真正看到爱。

一位虹汇会员因为自己幼年曾经被送养而认定自己被父母嫌弃，体重高居不下达 180 多斤。

周虹老师为她做了家排……

个案代表：为什么要把我送出去?!

父亲代表：孩子，我是因为爱你啊！

个案代表：怎么可能？别再骗我了！

父亲代表：我从小父母都离世了，我是被抱养的，后来你妈妈又离开了，我一直觉得自己不吉祥，我觉得你离开我才能活得更好啊。孩子，这么多年我一直很煎熬，我一直深爱着你啊！

她恍然大悟，原来送自己离开恰恰是父亲最深沉的爱。此后的 3 个月时间，不吃药不打针，她的体重直线下降 30 多斤。

一旦看见父母的爱，爱的包裹就开始在你和孩子之间传递，代代传承。

为人父母，要清晰自己的人生轨迹，以及上一代对我们的

爱，同时，也要放下我们对父母的期待，放下我们内在那个执拗的要求。要求别人以自己想要的方式来爱自己，那是孩子的想法。一旦与父母的关系和解，以爱的模式链接，一切都会改善，我们与孩子的关系也会自然改善。

家长的伴侣关系对孩子人际关系的影响

每一个射向伴侣的毒箭都先穿过你们的孩子。

误区

父母在孩子面前互相指责、攻击对方。

爸爸：你妈妈是坏女人，你以后不要像她一样！

妈妈：你爸爸是个失败者，你以后不要像他一样！

孩子：爸爸妈妈，我要和你们一样！

这是人类最古老的生存方式，无论父母怎样过活。孩子心里强烈需要和父母链接，但有关父母的信息却全是负面的，那么孩子理所当然只能跟这些信息链接，做出相同的行为来满足与父母链接的归属感。以后，孩子会在伴侣关系中轮回这些模式而不自知。

在伴侣关系中，当女人跟随男人、男人服务女人时，爱才可以得到良好运作。

正确的方式

✲ 父母恩爱是最好的家教。

妈妈：你爸男人味十足，简直是我的男神！你跟爸爸一样是我的小男神！

爸爸：儿子，我们来拿重东西，你妈是女人，咱爷俩要保护她！

妈妈：孩子，我们听爸爸的，听他的准没错！

爸爸：女儿，让爸爸来端，你和妈妈坐着就好了。

妈妈：家里最辛苦的就是爸爸了，我们准备他喜欢吃的菜。

爸爸：孩子，你妈最懂我，是我有福气。

孩子：爸爸妈妈，我要和你们一样！

孩子长大了以父母为榜样，相信爱情，相信异性，相信婚姻，进入幸福的伴侣关系。

父母双方不只是称赞孩子，重点是称赞孩子像爸爸、像妈妈。让孩子感受到父母的恩爱，透过这种方式，孩子会朝好的信息方向与父母链接，心中对归属感的渴望也会得到满足。

✲ 家长伴侣关系出现问题时，也应互相尊重对方。

父母之间出现问题，孩子总会在自己身上找过失，宁愿是自己有错。甚至为了生存，在内在撕裂自己，形成分裂人格。所有令孩子难以忍受的成长伤痛中，最严重的是父母其中一方否定另一方、排除另一方，那就像自己内在的一半否定另一半一样，结果必然造成孩子心理上的分裂。

孩子：妈妈，我只爱你！爸爸就是不好。

孩子：爸爸，我只爱你！我不理妈妈。

孩子：都是我不好！一定是我做错了什么！

孩子的一半来自父亲，一半来自母亲，否认孩子父母亲的其中一方，等于无意识里也否认了孩子的一半。因此，每个孩子的潜意识都希望父母是互相认可甚至相亲相爱的。因此，当夫妻分开时，我们更要负责任，理智面对，给孩子更好的未来。

妈妈：孩子，爸妈的事情与你无关。爸爸也许不是好丈夫，但他一直都是好爸爸啊！

爸爸：孩子，你妈妈不容易，爸爸也有错。不要怀疑妈妈对你的爱。她是个好母亲啊！

妈妈：孩子，虽然爸爸不与我们生活在一起了，但爸爸的爱一直陪伴你，你是他最牵挂的人。

爸爸：虽然我们分开了，唯一不能改变的是，我们依然是你的父母，你依然是我们最亲爱的孩子，爸爸妈妈依然爱你。

在虹汇的家排现场，每一个父母分离的个案中，只有父母之间真正和解、彼此祝福，孩子才可以不撕裂自己，靠近圆满、完整的自己。

当人的生理需求得到满足，也就是吃饱穿暖之后，心里最大的渴望就是爱与归属感，它们像心灵的食物。

因此，为人父母，无论两个人是否在一起，都要尊重对方，那是对孩子的祝福，是爱在孩子生命中的流动。

父母自我关系对孩子自我关系的影响

古人言“知己知彼，百战不殆”，人生困境，多是因为不知道自己是谁，不知道如何正确看待自己，更不知道自己在与他人互动时给别人带来了什么。

父母原生家庭文化传承模式是决定孩子心理积淀的重要组成部分，而在发展良性家庭文化的这条路上，最需要关注的关系恰恰是父母与自己的关系。

如果父母沦陷在自我否定中不能自拔，那么孩子只能跟随。

误区

误区一：我不好，你好。

妈妈：孩子，妈妈这辈子没有上过大学，你一定要上大学。

爸爸：孩子，爸爸这辈子就这样了，你要出人头地啊！

孩子：爸爸妈妈我要与你们一样（我不能独自幸福）。

否则，孩子会有罪恶感。

误区二：我不好，你也不好。

妈妈：孩子，我命苦，你也会命苦。

爸爸：孩子，我怀才不遇，世道太黑，人心难测啊！你将来也要小心啊！

孩子：我的命和你们一样。

误区三：我好，你不好。

妈妈：孩子，生了你把我毁了，要不是因为你，妈妈现在应该过得更好。

正确的方式

✲ 我好，你也好。

爸爸：孩子，你的数学成绩比爸爸当年还优秀啊！虎父无犬子，真了不起！

妈妈：孩子，你的语言表达能力令人叹为观止，已经超越了妈妈当年的水平。有其母必有其女啊！

孩子：你们是我崇拜的偶像，感谢你们良好的基因传承。

真正懂得自己价值的父母，在亲子关系中施、予、受平衡，活好自己就是良性文化的传承。

真正懂得自己价值的父母，在亲子教育中无为而治，大道至简。

✲ 自我认可从自爱开始。

为人父母都应该学习真正了解自己、接受自己，看见自己的习性，让自己成为一个有价值的人，带着觉知去引领孩子。

孩子：什么是爱自己？

爸爸：孩子，生活中发生问题时爸爸总是问自己，自己是怎么了？当我们很爱自己时，就容易向自己的内在走，就越会发现，自己才是问题的根源，与他人无关。

妈妈：是的，爸爸说得对，其实，我们外在矛盾的发生都是我们内心的投射而已，爱自己，就是不断反省自己、更新自己、完善成长，从而肯定自我。爱自己，我们就是那个创造自己命运的主人。

孩子：也就是你们常常讨论的“内在和谐”吧？

爸爸：非常正确！一个人与自己的关系越和谐，为人处事一定越顺利。

记得阿南达吉瑞说过一句非常美的话：“所谓觉醒，就是我对自己感到自在。”我们中国的语言非常美，很有境界，自在——就是和自己在一起，觉得很舒服。是的，当我们能够接受自己一切如是的样子，不想在别人面前有任何的掩饰时，那我们就是醒过来了。而每个生命的唯一目的就是“成为自己”，除此之外，没有别的目的。

很幸运，我们有可能是“醒来”的一代。

你的内在是整洁、有序，还是凌乱、黑暗、潮湿？虹汇在《疗愈内在的小孩》课程中发现，大多数人内心都停留在幼年的某个时间，有的人看到了内在忧伤的小孩儿，有的人找不到自我或者不敢看、不想看，越逃避吃苦越多。

因此，在生命关系的旅程中，只能是我们不断地觉醒，完全地敞开自己，去疗愈那个内在忧伤的小孩儿，修好我们与父母的关系、与伴侣的关系和与自我的关系，孩子未来的人际关系才可以达到更加和谐的状态。

读者朋友们，你卡在哪里了？

亲子关系

为什么我们与孩子冲突不断？通过前面章节也许你已经有所觉知。

身为父母，当孩子出现了人际交往的困惑，无法处理与老师、同学、异性的关系时，我们经常一味地谴责孩子的无能，矛头对准孩子，向外找寻原因，却忽视了最关键的家庭教育，忘记了向内找寻我们在建立家庭文化的时候给予了孩子什么。殊不知，成人后的孩子人际交往模式就是父母的翻版。他们从父母身上，耳濡目染，学到人际交往的种种模式，长大后复制在自己的生活中，维系着与周围所有人的关系。因此，让孩子未来走向良好的人际关系，需要父母双方均解决与原生家庭父母的关系、与伴侣的关系、与自己的关系之后，为孩子营造起良性的家庭文化。

误区

误区一：经常对孩子发狠。

爸爸：看你那一脸欠揍样！又皮痒痒了是不?!

孩子：哼！你也好不到哪儿去！

家庭暴力是人类无能的表现，它比雾霾更可怕，是大自然对人类的惩罚。

孩子是未来的希望，他们总是以各种各样的失常行为提醒人类曾经对自己做了什么。这是每一个父母都应该思考和面对的问题。

误区二：变化无常，尊重与打击对等。

妈妈：孩子，这个周末你有什么计划吗？我们去外婆家一趟可以吗？

孩子：妈妈，我已经约好同学了，我们下周去外婆家可以吗?

妈妈：不行！你这孩子好商好量不行是吧?!

孩子：妈妈，你还不如我爸，他一直就是暴脾气，说翻脸就翻脸，我一直小心就是了。而你是说阴就阴说晴就晴，让人更痛苦！

养孩子过程中，孩子最怕的就是父母翻脸比翻书还快。控制情绪是每一位父母必修的第一课。

误区三：有问题的永远是孩子，与家长无关。

爸爸：说什么都听不进去，真是到了逆反期了，你今天必须向妈妈道歉！

妈妈：真是不让人省心，老师天天叫家长！

孩子：我就这样！

教条不重要，教养才重要。

每个孩子都是父母的翻版。当你不懂得如何教育孩子时，那就请闭嘴。在虹汇，周虹老师布置的奇葩作业之一就是“闭嘴”，且经过无数个家庭的实验，这一招着实管用。因此，要解决孩子的问题，父母一定先解决自己的问题。

正确的方式：尊重

先尊重—被尊重—互相尊重。这是周虹老师研究幸福家庭文化建设以来倡导的一个循环模式。

尊重孩子并不是对孩子唯命是从，而是从各个角度培养孩子的自主、独立意识。

在大多数家庭中，如果父母尊重孩子，那么父母也一定是被孩子尊重的。这也是亲子关系中一个健康模式。

为人父母，当你学会在生活中套用这个格式，孩子开启美好的人际关系将变得轻松而简单。

✲ 多跟随，少命令。

孩子：妈妈，我先玩20分钟再去写作业啊。

妈妈：听你的。

孩子：买这件衣服吧？

爸爸：你的事情你做主。

✽ 多赞叹，少指责。

家长对待孩子要像成人一样，不要有一点错就板着脸指责他（她），而是用委婉的方式，避免伤害孩子的自尊心。

妈妈：你真是个能干的孩子啊！

爸爸：儿子，你在家，爸爸出差很放心。

家长越是尊重孩子，孩子越自尊，越注意自己的言行，会赢得更多尊重。良性循环。

✽ 没有过多期待和投射，让孩子只做孩子。

孩子：爸爸没有工作了，我们家是不是没有钱了？

妈妈：放心孩子，你是安全的，养你长大没有问题。

孩子：妈妈身体不舒服了，不会出什么事情吧？

爸爸：偶尔生病是正常的，你安心上学、吃饭、睡觉。

不要把强大的精神压力强加于孩子身上，不要向孩子伸手要安慰，不要试图让孩子替你承担生活的创伤。你会搞砸亲子关系，将来孩子会比你大，人际关系问题会不断。

孩子不是你的父母，更不是你的伴侣。让孩子在自己的位置上踏踏实实待着，允许孩子只做孩子。

关于二胎

现代中国二胎政策开放之后，更是考验中国父母的关键时刻。

一个人的冬天真的好冷、好孤单，我不要再这么孤孤单单地过了，所有的欢笑都不是我的，所有的幸福都不是我的，一个人的冬天里，我只有孤独与痛苦。死了算了，反正对于他们来说，我就是多余的……

这封遗书是 14 岁的女孩张洁（化名）写在 QQ 空间里的，原因是父母想生二胎。面对二胎，老大如此排斥，怎么办呢？

误区

误区一：父母过分关注老二，忽视老大。

孩子：妈妈，周末我想去溜冰场，您可以陪我吗？

妈妈：哪有时间？你弟弟（妹妹）正闹着呢！

孩子：爸爸，今天的作业需要给家长背诵，您帮我看一下吧。

爸爸：你自己背吧，爸爸现在没时间。

父母全身心投入照顾老二，忽视了老大也还是个孩子。

误区二：有了老二嫌弃老大。

爸爸：你怎么那么笨啊，倒杯水都会洒一地。

妈妈：弟弟（妹妹）这小嘴巴甜的，就是比你强。

孩子：你们都不爱我了。

有了老二，父母不能平等对待老大，老大一次次受到心理创伤。

误区三：把老大当大人。

孩子：妈妈，我也想让你抱抱我。

妈妈：你都多大了？你以为你刚刚出生啊？

孩子：爸爸，我们一起玩一局骑马游戏吧？

爸爸：你都快超过爸爸的个头了，还玩这个？

大宝和二宝年龄差异大的孩子，同样需要父母的拥抱和爱。

可是，沉浸在二宝到来的喜悦中的母亲往往忽视了这个最关键的沟通方式。

正确的方式

✽ 打算要老二前应征得老大的同意。

妈妈：你经常羡慕别人家有弟弟妹妹，现在赶上国家放开政策，我和爸爸准备今年再给你生个弟弟或妹妹，想征求你的意见。

孩子：当然了可以了，这是我一直以来的愿望。

这点很重要，但父母往往会忽视，大多数人认为要孩子是夫妻的事，老大年龄还小，不懂事，没有必要跟孩子商量。其实，孩子无论大小都是家中的一份子，当父母完全尊重孩子时，孩子也会更加尊重父母，和父母一起期待老二的到来。

✽ 孕期开始培养老大和老二的亲密关系。

孩子：妈妈，你的肚子越来越大了，弟弟（妹妹）是不是该出生了？

妈妈：是啊，你小时候也是这样在妈妈肚子里成长了10个月。

孩子：妈妈，你一定很累吧？

妈妈：是啊，但是妈妈很幸福，很享受！

孩子：妈妈，我想听听小宝贝的心跳……哎呀，他踢我了！

妈妈：哈哈，这是宝宝在和哥哥（姐姐）打招呼呢，等他（她）一出生，你们可就是一个小团队了！

孩子：哈哈哈，真是这样啊……

当妈妈带着爱，在孕期就保持跟老大老二一起交流，相信大宝会幸福、喜悦地和妈妈一起等待他（她）的同盟成员出生。

✽ 妈妈应该尊重家庭中每一个成员，尤其是不能冷落老大。

妈妈：爸爸妈妈很爱你，我们的三口之家很幸福，我们的四口之家会更幸福，无论即将到来的是弟弟还是妹妹，妈妈都会像以前那样爱你。

爸爸：我们的家庭又多了一位新成员，我们的队伍又壮大了，我们又多了一份爱。

孩子：我们一起欢迎新成员吧！

大医治未病！尊重是最深层次的爱。

父母对老大的尊重是对老二的言传身教，他（她）会和父母一起尊重老大，这是正确的家庭序位。在养好老大的基础上养老二，轻松和谐。

师生关系

师生关系是影响孩子学习的重要因素，也是影响孩子一生的重要因素。然而影响师生关系的重要因素首先是家长和老师的沟通。

误区

误区一：传统式父母。

妈妈：老师好，我想跟你沟通一下我家孩子的情况。

老师：好啊！

妈妈：我们家孩子不太爱说话，反映有点慢，做什么事都比较磨蹭，上课注意力不集中，我在家常常说，也没有用……

没等这位妈妈说完，老师已经暗自叹气，怎么收了这样一个学生？

大多数家长一味地盯着孩子的问题，用这样的“劣势交流法”，只能将孩子置于出现问题的境地，孩子与老师未曾谋面就在老师面前先入为主地留下坏印象，为日后的师生关系埋下隐患。

误区二：一味顺从式父母。

妈妈：老师说你上课注意力不集中，怎么回事啊？

孩子：没有啊。

爸爸：老师说的还能有错？上课给我好好听！

老师说的永远是对的，从不面对真正的原因。

误区三：敌对式父母。

爸爸：我们家孩子天天晚上写作业到12点，你还批评他，都不愿意来上学了？怎么办？

老师：不会吧，其他孩子从来没有这样的。

妈妈：我们家孩子在家很懂事的，你怎么说他跟你对抗呢？

老师：我怎么知道你们家孩子为什么这样？

与老师发生争执后，孩子和老师的关系更加恶化。

正确的方式

✲ 培养孩子学会赞美人。

先入为主式

孩子：老师，我在幼儿园一直是老师的小助手，您有什么需要的尽管说，相信我一定能够做到！

老师：太好了，你先帮我把班里的名单整理一下好吗？

赞美式

孩子：老师，您今天讲的我都听懂了，最喜欢英语课了。

老师：太好了！你来担任课前领读吧！

孩子：好的，老师。

关心式

孩子：老师，您今天不舒服了吗？我去帮你接一杯热水吧？

老师：太谢谢你了！

朋友式

孩子：老师，这是我亲手做的饼干，请您尝尝！

老师拿起饼干，甜在心里。

所谓“亲其师信其道”，孩子与老师的关系非常重要，因为

孩子往往喜欢老师就喜欢这门功课，不喜欢老师就放弃这门功课。师生关系是孩子学习成绩、学校生活的“晴雨表”。

同学关系

对每一个学生生涯的孩子来说，安全问题是父母最关心也是最担心的。然而现实总是很残酷的，学校的伤害事件往往是一群孩子伤害一个单独的孩子，因此，一个孩子如果没有朋友是不安全的。父母要鼓励孩子在校园生活中有一帮好的同性朋友，这也是奠定孩子未来良好人际关系的必经之路。孩子有一段良好的友谊是他们一生宝贵的财富。在选择朋友的道路上，父母是孩子的第一老师，要陪伴着孩子不断地去观察和选择。

误区

误区一：学习好就行，不需要朋友。

孩子：妈妈，我的作业已经完成，可以下楼玩了吧？

妈妈：你的英语、奥数练习都看了吗？学习成绩好了才有人跟你玩！

误区二：只能跟学习好的孩子接触。

孩子：妈妈，今天对面同学要到家里来玩儿，可以吗？

妈妈：不行，这几个孩子都学习那么差，你怎么能跟他们一起玩儿呢？

正确的方式

✲ 帮助孩子“找朋友”，让孩子成为人际高手。

人际即财富，孩子在未来友情发展方面会有何结果，一定也是从小就要和孩子一起探讨的。

比如：

应该有多少朋友？

怎样才能有朋友？

什么样的人值得跟他（她）交朋友？

怎样与朋友相处，需要忍受吗？

是否什么事情都可以跟朋友分享呢？

妈妈：孩子，你认为有一个朋友就好还是有很多更好呢？

孩子：爸爸说，在不同的人生阶段要不断地交新的朋友。

妈妈：那怎样才能交到新朋友呢？是经常赞美他（她），还是诋毁他（她）呢？

孩子：当然是经常赞美他（她）了！

妈妈：那什么样的人值得你跟他（她）交朋友呢？

孩子：他（她）不讨厌我，我也不反感他（她）。我们各自有自己的朋友圈，互相尊重彼此。

妈妈：孩子，怎样与朋友相处呢？需要事事忍耐吗？

孩子：当然不需要。在一起的时候就好好相处，发生矛盾无法解决是可以分开的。做普通的同学就好了。

妈妈：孩子，是否什么事都可以跟朋友分享？

孩子：不是。因为我有一个保险箱。

妈妈：哦？

孩子：妈妈，就是您这里，您是我一生最好的、也是最值得信赖的好朋友。

对于一个孩子而言，如果他（她）拥有了良好的父母关系，拥有了良性的家庭文化传承，认清了和自己的关系，那么对其师生、同性、异性、婚姻等各类人际关系都将是一笔巨大的财富。

✽ 让孩子喜欢上“不喜欢”的人。

误区一：不喜欢的人不是好人。

误区二：不喜欢的人就不值得沟通。

没有十全十美的人，更没有一无是处的人。让孩子喜欢上不喜欢的人。

心理学研究表明，所有人潜意识当中，都乐意与承认和赞美自己的人接触、亲近；而自然躲避、拒绝那些诋毁、否定自己的人。赞美别人，是简单又可行的社交手段，因为人人都有优势的一面，盯着别人好的一面，一生会受益无穷。

妈妈：孩子，今天继续“我问你答”可以吗？

孩子：好的。

妈妈：这辈子，你最好的朋友应该是谁？同性朋友？异性朋友？老师？父母？

孩子：父母！

爸爸：为什么？

孩子：在这个世界上，最值得信赖的朋友是父母！

妈妈：可以随便在背后说别人坏话吗？

孩子：当然不能，永远不要在背后说别人坏话。因为没有十全十美的人，也没有一无是处的人。

爸爸：那应该怎么做？

孩子：发现朋友的优势，人前人后夸他（她）。带着赞美之心与人交往。

妈妈：在学校呢？

孩子：在学校我有信赖的朋友——老师、同学。我有一两个经常在一起玩耍的同性朋友；有一两个可以接触的异性朋友；不把陌生人当作朋友。我知道如何保护自己。

一个孩子一生的成功不只是学习生涯的一纸成绩，学习成绩是人生系统中的一个部分，学习成绩不能决定孩子的未来。智力因素占人生的20%，80%的部分是情商，人际关系差，往往导致生活艰难。

异性关系

谈到异性关系，每一个家长最敏感的话题就是“早恋”。很多父母，在孩子与异性交往中总是小心翼翼护着孩子，不敢越雷池一步。

误区

误区一：坚决杜绝孩子和异性交往。

妈妈：学习阶段，绝对不能和异性说话、交往。

孩子：为什么？

爸爸：因为你现在需要好好学习。

杜绝永远不是好办法，因为父母不可能永远盯着孩子。越是逼迫孩子服从的父母，孩子反而越容易发生问题。

误区二：不允许孩子和异性过多交往。

孩子：妈妈，我多大可以与异性交往呢？

妈妈：大学毕业以后再说吧。

大学毕业以后，孩子开始和异性交往了，却不知道如何交往、如何相处，挑来换去总是父母不满意的。陷入苦恼中的孩子无法分辨哪个类型的异性才是适合自己的。

正确的方式

让孩子从小与异性交往，在不断与异性交往中和异性构建和谐的人际关系。

孩子：妈妈，我现在发现我已经和他是一般朋友了，据我在午托班的观察，他和朋友相处时经常吵架，常常有矛盾。

妈妈：哦，我的孩子越来越有主见了。

孩子：妈妈，这个女同学太强势了，我想我还是把她当成普通朋友的好。

爸爸：是啊！男子汉就应该多与温柔型的女孩子交朋友。

面对孩子的早恋，父母一定要镇定自若，宜疏不宜堵。不允许孩子与异性交往的家长本身是有一定心理障碍的。他们往往没有看到孩子早恋的背后隐藏的是孩子从父母那里缺失的爱，孩子只是以此方式故意来引起父母的关注罢了。

多年工作观察发现：生长在家庭和睦、父母相爱的氛围中的孩子，一般不会出现早恋，因为他们的父母从小就教会了他们如何与异性交流。

发生青春期早恋行为的孩子，多半是在家庭不和、父母离异等环境中长大，这类孩子只是在寻找一种从父母那里缺失的爱来填补自己。

让孩子与异性正常交往是从小就要开始的，让孩子从小建立健康的异性交往关系，也是防止早恋关系最好的方法。

关于叛逆

谈到叛逆，顾名思义，就是反叛的思想、行为，忤逆正常的规律，与现实相反，违背他人（比如孩子违背父母）的本意，常常做出一些出乎意料之外的事。叛逆是一种“长大了”的感觉，是一种强烈的自我表现欲，在思维形式上属于“求异思想”，是标新立异、希望引起别人注意的表现。

生活中，面对孩子的叛逆，父母往往束手无措。

然而在虹汇，周虹老师对叛逆有令人耳目一新的解释。在多年的工作中，她一直把叛逆的孩子视为更高级、更高贵的生命，他们都是父母或者族群的贵人，他们是来拯救父母灵魂的，他们在唤醒父母早点醒来。

以周虹老师曾经写的一首诗作为本文的结尾，相信您会从这首诗里得到更多的启示，读到更多亲子关系的真谛。

叛逆

——周虹

叛逆的孩子，
族群的勇士，
视之为珍宝吧！
家族的长者，
叛逆不是失控，
是回归；
叛逆不是混乱，
是家庭序位的开始；
叛逆不是逃避，
是尊贵的面对；
叛逆不是毁灭，
是良性文化雄起的契机。

我是个叛逆者，
叛逆于恶习的掌控，
叛逆于僵化的俗世，
叛逆于千篇一律，
叛逆于二元对立，
叛逆于族群惯性的束缚，
叛逆于行尸走肉的活法。
我要自由地活着！

叛逆不是背叛是忠诚，
叛逆不是暴动是跟随。
宇宙间到处都有一个我，
不是谁都能够有资格，
做一个叛逆者。

一个叛逆的人，
不是对抗人生，
而是选择新鲜地活着。
当我们被过去禁锢，
叛逆呼唤我们：
回来吧，宇宙的孩子。
叛逆是醒来，
叛逆是神样的醒来！

第九堂课

性教育

真正的性教育在中国开始了吗？没有。其实，在中国，性教育才刚刚开始，蹒跚学步，步履维艰。而在西方，性教育课程已经是大步流星稳健前行。现在，让我们把目光转向澳洲，看一看，一所百年女子学院里性教育课堂的现场吧。

中西方性教育的差距

在课堂上，两个班的60多名女生正合在一起上一堂公开课，课程名字是《人类发展史》。一位男性志愿者走进教室，他蒙着面，赤身裸体，然后老师开始讲他身体各部分的器官。接下来男志愿者离开，又进来一个蒙面的女志愿者，老师同样认真地介绍她的各个身体部位。大部分同学低头害羞面红耳赤，老师却一直让她们仔细看，让她们认识人体。认识完男性、女性的身体，老师接着告诉她们，澳洲法律规定，年龄达到16岁的人，是可以做爱的，只是必须要带安全套。这还没有完，关于一些在模特身上看不到的部位，老师就让学生看视频。视频来自德国，先是有一位沐浴完的看不到面部的女士裹着浴巾出现在画面中，接着出

来有一个医生，解开女士的浴巾，讲述女性身体的乳房、外阴、阴蒂等，同样，接下来再讲解男士的阴茎、睾丸、阴囊等。同学们通过模特和视频，了解了人的身体，认识了人类，让同学们感到看性器官部位和看人的眼睛、头发一样，都只是人的组成部分而已。同时，针对15岁的女孩儿，又补充讲解了女孩子15岁之前应该了解的知识，如人从哪里来、性安全教育等，是真正系统而完整的教育。随即，让人更加震撼的是，老师拿出了两个教具，是仿真乳胶模特，男性和女性的核心部位，各种性器官齐全。就这样，老师当着同学的面，把男性的阴茎一点一点推到女性的阴道中，实际演示做爱性交的过程，并告诉大家，这是很美好的。通过模特、视频、教具这三种手段，让同学们看到并认识人体，了解性交的过程。接下来，老师会用大部分时间讲解性的美好，而只用很少的时间讲解有关性的伤害。这就是真实的澳大利亚性教育课堂。

写到这里，作者向各位家长提一个问题，如果这种性教育出现在我们中国的课堂里，你们会做何反应？我想，那一定会引起轩然大波，说不定有些家长会向教育局投诉。这就是东西方对性教育认知的不同。

在中国，对于性教育，我们的态度总是犹豫不决、含混不清、犹抱琵琶欲说还休。可事实上，每一年，都会发生很多性侵的事件，曝光的没曝光的，父母知道的不知道的，随时会像天上掉下的石头一样击中受害者。可为什么犯罪分子对性侵这么感兴趣呢？很大程度上是出于好奇，而又没有一个正确的渠道去了解，于是就产生了犯罪的心理动机。当我们有一个光明正大的渠道，能科学自然地交流演示，让大家觉得性是一件自然美好的事情，同时能够保护自己，就能减少许多伤害事件的发生。

不仅如此，在我们成人的世界里，导致80%以上女性婚姻不幸、人生不幸的直接原因，正是缺乏有关性的生活常识，导致“一失足成千古恨”。而在孩子的世界里，一类孩子认为，性是正常的、高兴的、舒适和快乐的；而另一类孩子认为，性见不得人，是伤痛的、肮脏的、令人愤怒的、令人难以承受的。事实上，从婴儿期学会站立、蹒跚学步到第一次约会，我们经历了很多性发展的重要时刻。我们需要做的是，通过全面、普及、适龄的性教育，让孩子建立明确的、对自己身体负责的观念，逐渐懂得与性有关的选择。

分阶段性教育

父母到底该怎样与孩子沟通性教育呢？应采用分阶段自然交流。

0～3 岁婴幼儿期：认识身体器官。

3～6 岁幼儿园时期：认识生命的起源。

6～9 岁小学时期：性安全教育。

9～12 岁青春期：性知识与爱的教育。

0～3 岁婴幼儿时期

误区

误区一：婴幼儿是不会对性好奇的。

误区二：婴幼儿没有性的活动。

正确的方式

正确地与孩子谈论身体每个部位的名称，甚至是性器官，赞美孩子的身体。

✼ 孩子洗澡时，抚弄着自己的性器官。

孩子：妈妈，我这里是什么？

妈妈用温柔的声音告诉孩子（女）：宝贝儿，你是一个漂亮的女孩子，你的肌肤像丝绸般光滑，你的小屁屁也很可爱，香喷喷的。等你长大以后，你要到女性洗手间。

或者告诉孩子（男）：宝贝儿，你是帅气的小男生，你的胳膊、腿都长得很健壮，等你长大后，你要进男性洗手间哦。

✼ 妈妈在孩子大小便后帮他（她）清洗。

孩子：妈妈，我拉便便的地方叫什么？

妈妈：宝贝，我正在给你清洗的拉大便的地方叫肛门，尿尿的地方叫尿道，你的身体是很美好的！

我们应该记住，性欲从人类出生的第一天起就存在，是遗传下来的。即使是婴儿也会对自己的身体、对性感到好奇，这是十分正常也是健康的。同时，面对婴幼儿的身体，我们忍不住喜欢、赞美、抚摸，因为人的身体是很美好的。

3～6岁幼儿园时期

误区

误区一：告诉孩子他是从沟里刨出来的或者从石头缝里蹦出来的。

误区二：孩子还小，还不懂“这个”。

误区三：孩子生活环境单纯，没必要知道关于性的问题。

误区四：对孩子进行性教育，会诱发孩子模仿。

正确的方式

正面回答孩子的问题，此时是进行性教育的好时机。

孩子：妈妈，为什么在幼儿园里，男孩儿要站到那里尿尿，而我们女孩子要蹲着呢？

妈妈：因为你和男孩子身体方面有很多不同呀，你有阴唇和阴道，而男孩子有睾丸和阴茎，你们从产生的那一刻开始就已经不一样了。

孩子：怪不得呢。

3～6 岁的孩子已经观察到男孩是站着尿尿的，身上还多了一件“小东西”，而有的女孩子觉得好玩，会模仿男孩子站着小便的样子，回家以后还会对爸爸妈妈如何尿尿和他们的裸体产生兴趣，父母不用刻意回避或矫正，可以用很平常的口吻告诉孩子男女身体结构的不同。这正是进行性教育的时机，这时家长给孩子提供正确的性知识，可以避免孩子盲目寻找负面的性信息，即使看到，孩子也能正确对待。讲故事、看卡通性教育图片等，都是这个年龄的孩子容易接受的方式。

孩子：妈妈，我从哪里来？

妈妈平静地回答：宝贝，你从妈妈的肚子里来，你摸一摸吧。这里面有个特殊的部位叫子宫，你在这里孕育。

为了更直观地回答这个问题，当妈妈和孩子共同看到孕妇，孩子又问“阿姨肚子怎么这么大”的时候，妈妈可以趁机详细地讲一讲孕育过程。

妈妈：宝贝，阿姨肚子里面有一个小房子，叫子宫。子宫里面住着一个小宝宝，因为他太小了，所以阿姨把他先放到子宫里，等长到足够大时，再把他生出来。你也是这样被我养到足够大时，才从我肚子里面的子宫里出来的。

孩子：妈妈，那我是如何从你肚子里面出来的？

妈妈：因为妈妈有很大的力气呀，妈妈体内有特别强健的肌肉，等你迫不及待要出来的时候，它们将你通过妈妈的阴道挤出来，这个过程叫分娩。

如果是剖腹产的孩子，可以让孩子看着母亲腹部，告诉孩子：宝贝，你都等不及要出来了，于是医生在妈妈肚子上切开一个小口，把你从妈妈肚子里面的子宫里抱了出来。

孩子：妈妈，那我是怎么住到子宫这个小房子里面去的？

妈妈：妈妈体内有一个铅笔头那么大的卵子，爸爸的睾丸（这里需要父亲的配合，一家人一起沐浴，4 岁以下的宝宝可以看异性父母的裸体，4 岁以上的宝宝建议看图了解）里有许多精子，当爸爸妈妈两个人特别喜欢对方，非常相爱的时候，爸爸的阴茎，就是用来排尿排出精液的这个（指图或爸爸的身体位置），会变硬，妈妈的阴道也会变得湿润光滑起来，爸爸的阴茎就可以进入妈妈的阴道里，就用做爱的方式拥抱在一起。这时，精液就会从阴茎里出来进入妈妈的体内，精子特别喜欢游泳，它们游呀游呀，游到了妈妈的子宫里，最强壮游得最快的那个精子与卵子冲撞结合在一起，它们俩紧紧地拥抱结合在一起，然后进行细胞分裂，你这个小胎儿就产生了，在小房子里住了下来，所以你天生就是最棒的那一个！但这种活动非常具有隐私性，只能在像爸爸妈妈一样的两个成年人之间才能进行，而且别人是不能看的。宝宝是不是很棒呀？来，我们一家人拥抱一下吧！

孩子：妈妈，我看电视上演的生宝宝很痛，那你生我的时候痛不痛呀？

妈妈抚摸着孩子的头：有一点痛，但这种痛很正常，是妈妈可以承受的，我很愿意把你生下来。宝贝儿，你跟妈妈一样，你也有生宝宝的特殊通道，每个女孩子都有这些通道，你看，就在你这里。

孩子：果然有呀！

3～6 岁的孩子是性的好奇期，更是关键期。性科学研究发现，每个孩子在这个时候，可在父母的指导下区分性别，尽管他并不明白为何要区别彼此，但对异性产生的某种程度的回避和距离感已成潜意识，所以当孩子向你问起任何与性相关的问题时，往往也是下了很大决心的，这个时候你千万不要一口回绝，认为这个不该是小孩子问的问题，或者顾左右而言他，这样只会加重孩子的困惑，并且很可能使好奇心演变为心理的阴影，为今后的成长设置障碍。

孩子：妈妈，我长大了要和你结婚！

妈妈：那是因为你和妈妈在一起感觉温暖，感觉到妈妈爱你的，是吗？

孩子带着清澈的眼神点点头。

通常，这时孩子对性的认识已经进入到了心灵层面。他们会“朝三暮四”地和不同的小朋友或者和爸爸妈妈“结婚”，不过这些探索都和狭义的“性”没有关系。他们只是通过玩过家家来构建他们的童话世界，如同艺术家通过艺术来表现他们的内在世界一样。在幼年期，父母所呈现出来的两性关系，也是孩子直接感受到的“性”教育之一，这种影响是非常巨大的，甚至会直接影响到他们成人后对性的态度和方式。异性之间如何传递感情、关爱、温暖、爱情和性关系等，都是成人给孩子的性教育活的教材。孩子通过玩过家家、玩结婚生孩子的游戏，来演习大人的性认识。

孩子：妈妈，电脑里面的叔叔和阿姨正在干什么？

妈妈平静地说：噢，他们相爱了，做了以前妈妈给你讲过的，爸爸妈妈相爱时做的事情！

孩子：那他们也要生小宝宝喽！

在信息如此开放的时代，让孩子绝对不接触性信息只是家长的一厢情愿，他们难以避免地会接触到有关性的信息。而各种媒体良莠不齐，家长应该主动提供正确的引导，让孩子懂得什么是真正的科学和健康。

5 岁女孩和亲戚哥哥一起到卧室里面玩，妈妈推门进去，看见女孩赤身裸体。

妈妈：宝贝儿怎么没有穿衣服？

孩子：是哥哥让我脱的！

妈妈：脱衣服干什么呢？

孩子：哥哥说看看我有没有长小鸡鸡！

妈妈：除了妈妈或者医生，在经过你允许的时候，否则谁都无权看或触碰你的身体，特别是泳衣覆盖的地方！来，宝贝，重复一遍。

孩子：除了妈妈或者医生，在经过我允许的时候，否则谁都无权看或触碰我的身体，特别是泳衣覆盖的地方！

这个年龄段的孩子对异性的身体器官充满了好奇，他们不是要进行真正意义上的性活动，而只是要探索自己的身体和异性有什么区别，所以父母不应因此责骂孩子，引起孩子对性的羞耻感和罪恶感，加重孩子的困惑，而是要揭开蒙在性上的神秘的面纱，淡化孩子对性的好奇，避免孩子的盲目尝试。

6～9岁小学阶段

误区

误区一：男孩儿不会遭遇性侵或骚扰。

误区二：同性别不会遭到性侵或骚扰。

误区三：家长认为把孩子单独托付给亲戚比较安全。

误区四：委托邻居、熟人去接送孩子。

误区五：父母和孩子不分床，在孩子熟睡后，开始做爱。

误区六：孩子认为什么都要听老师或者大人的话。

误区七：小孩子的身体很可爱，大人可以随意触碰。

正确的方式

教育孩子高度自尊，防患未然，对性侵等行为勇敢地说“不”。

孩子：妈妈，今天有一个叔叔问我要不要去他家里去看小猫咪。

妈妈：那你去了吗？

孩子：去了，可是我去他家里，根本没看到小猫咪，我就问叔叔小猫咪在哪里。

妈妈：他怎么回答的？

孩子：他说，如果我过去坐他腿上，就让我看那些小猫咪。

妈妈：那接下来呢？

孩子：我突然很不舒服，想回家，但是叔叔竟然把手伸进了我的内裤里，还给了我糖果，让我保守秘密。

妈妈：宝贝，你告诉妈妈是对的，这件事绝对不是你的错，是那个叔叔的心理不健康。如果再遇到这样的事，你应该对他说，“住手，我不喜欢你这样做”，无论对方有多高多强壮！来，宝宝，重复一遍。

孩子：住手，我不喜欢你这样做。

妈妈：对，就是这样。

在这个阶段，家长要告诉孩子，身体是有界限的，自己的身体从头到脚都是属于自己一个人的。自己身体上的一些部位是特别私密的，就是去游泳时穿泳衣遮住的地方。除非有正当理由（比如医生检查等），否则，绝对不能允许别人触摸那些地方。当然，也不能随意触摸别人的隐私部位。如果家庭成员（父母）以外的某人对一个儿童发生某种性触摸或性行为，还有一些人把自己的性器官展示给儿童看，这些都是对儿童性骚扰。儿童性骚扰是一种犯罪行为。

6 岁女孩子在玩耍的时候趴到邻居男孩儿的身上。

妈妈：宝贝，你为什么趴到哥哥身上？

孩子：昨晚，你和爸爸不是这样了吗？

妈妈：你不是睡着了吗？

孩子：我没有睡着，静静地听着。

妈妈：那是爸爸妈妈的一种成年人游戏，是我们互相喜欢的意思。

孩子：我以为是爸爸欺负你，而我可不要被欺负，我要欺负男生！

妈妈：你误会了，我们很相爱。

作者在全国20个城市的调查显示，有24.68％的父母做爱从来不回避孩子，5.94％的父母认为孩子看到过他们的性生活，10.39％的父母不确定孩子是否看到过父母的性生活。所以，父母与孩子应该尽早分床。如果性行为被孩子看到，大多数父母会惊慌失措，有的甚至羞愧难当，对孩子做出错误的反应，恼羞成怒责骂孩子，亦将会对孩子带来或羞耻或恐惧等一系列深远的影响，同时，减弱了孩子对父母的神圣感觉。

孩子：妈妈，今天课间某某（男同学）又亲了我。

妈妈：你怎么办的？

孩子：我不知道怎么拒绝他。

妈妈：那下次勇敢地对他喊“不”，说你不喜欢这样！

当孩子被不喜欢的人触摸、拥抱或亲吻而又不知如何拒绝时，妈妈要站到孩子的立场上，教导孩子勇敢而大声地说：“不！”

孩子：妈妈，我今天在公园里碰到了一个很怪的叔叔。

妈妈：他有什么怪异的举动吗？

孩子：他正在花坛边坐着，露着他的小鸡鸡！

妈妈：你是不是感到很不舒服？如果再碰到这样的情况，要大声喊“不”，引起周围人的注意，快速远离，或者告诉身边的大人。

孩子：好的，我知道了，遇到奇怪的人要快快离开，或者大声喊“不”！

猥亵是指淫乱、下流的言语或行为。法律上是指以刺激或满足性欲为目的，用性交以外的方法实施淫秽行为。对未成熟少年的性骚扰，即使在对象不明了意图或没有违抗乃至服从的情况下也可视为猥亵。这种行为虽然没给孩子造成事实上的侵害，但是会引起孩子的不舒服、恶心、害怕等心理不适，家长应予以正确、及时的心理疏导。

孩子：妈妈，老师今天让我去他宿舍了。

妈妈：发生什么事了？

孩子：他拿着好吃的零食，说要和我玩儿一个身体接触的游戏，玩儿完就可以让我吃同学们都吃不到的零食。

妈妈：你没反抗吗？

孩子：没有，我们要听老师的话呀！

妈妈：如果有成人让你单独和他一起去宿舍或家里，你一定要说，“妈妈告诉我，不能和你一起去宿舍或家里。”来，重复一遍。

孩子：老师，妈妈告诉我不能单独和成人一起去宿舍或家里。

大多数父母经常会对孩子说要听老师的话，其实并不尽然。下面这些情况我们又该如何面对呢？

老师在教室触摸孩子的身体；

老师邀请孩子去办公室；

老师邀请孩子去宿舍、家中；

异性同学邀请孩子去校外参加外事活动；

……

犯罪人往往利用儿童的特殊心理，以给零花钱、糖果、玩具、图画书等为诱饵，或者以关心学习、考试给高分、同情家庭遭遇等为借口，或者采取威胁、恐吓等手段对儿童进行侵害。父母应帮助孩子树立牢固的警觉意识，留意危险信号，用勇敢拒绝、质疑，变被动为主动，及时告知父母等方式加强自身保护，在最大程度上预防老师、医生、亲戚、朋友、邻居等其他熟人性侵的发生。

北京某案件正在电视新闻中播报。

孩子：妈妈，什么是强奸？

妈妈：强奸是指一个男人强迫一个女人与其发生性行为。它是暴力的，而不是带着爱的行为，表明了男人对女人的攻击性，是一种恶劣的犯罪行为。

孩子：这个女孩子怎么不反抗呢？

妈妈：因为她大量饮酒，无力反抗了。当然，被害人因为酒精、药物或宗教影响而无法拒绝进行性行为时，也被视为强奸。

孩子：太可怕了！

媒体报道的性侵案件层出不穷，屡见不鲜。不难看出，学校、家庭成了性侵的多发地。从目前曝光的性侵案件中，近八成是熟人作案。强奸的恶劣行为，使被强奸人产生心理障碍，可能会导致女性怀孕或者染上各种各样的疾病甚至是艾滋病。在心理层面，童年时期的性伤害是最严重的心理创伤之一，孩子心理和社会功能的损害往往是长期的，需要尽早和系统地进行心理干预。这类童年重大事件对生命品质的破坏力甚至超过了原生家庭的影响力，他们经历的恐惧与两性关系之苦，是常人无法想象的。因此，最大限度地保护孩子，让孩子们拥有高贵的生命是父母的责任。所以，在家里父母要和孩子一起反复演练《恶人与孩子》情景剧，教会孩子大声喊“不”，然后告诉孩子要有警觉意识，远离这样的人，防患于未然。现实生活中，我们还发现有着强烈自尊意识的孩子更不容易遇到伤害。

9～12岁青春期

误区

误区一：性教育导致过早发生性行为。

误区二：父母为阻止青春期性行为，描述性是肮脏的。

误区三：狭义理解性，认为性仅指性交。

误区四：手淫有害。

误区五：安全套必须藏起来，不能让孩子发现，更不用说学习了。

误区六：对于性，总是在孩子面前强调“不能做什么”。

误区七：孩子能自然地明白，不需要特意进行性教育。

正确的方式

帮助孩子坦然面对身体发育，告诉孩子尊重自己和他人。

女儿：妈妈，我的咪咪这里有点儿痒。

妈妈：宝贝，这说明你开始发育了。

女儿：那我会怎么发育，身体会有哪些改变呀？

妈妈：你会发现你爱出汗了，皮肤也变光滑了，个子长高，乳房开始发育出曲线，屁屁那里会有阴毛长出来，内裤上经常有一些青白色的液体，情绪上也会有些起伏。

女儿：噢，那我就不害怕了。

儿子：爸爸，我的身体有些变化，声音好像都变了。

爸爸：宝贝，你快要成为一个男子汉了！男孩儿会迅速长高，行动上会变得有一些木纳、笨拙，阴茎、睾丸、体毛生长，排汗量增加、声音变得浑厚低沉，还会初次射精，这都是很正常的现象。

儿子：原来不是得病了。

青春发育期，即青春期，是由少年到成年的过渡时期。在这期间，十来岁孩子身体的形态、生理、内分泌等开始经历变化，一些孩子会因为缺少性教育知识而对自己的身体变化惊慌恐惧，父母一定要让孩子补充这些常识，不至于惊慌失措。

当妈妈洗床单时，发现了一些黏糊糊的东西，告知爸爸与孩子谈谈。

爸爸：宝贝，你开始梦遗了吗？

儿子：爸爸，我很不好意思，睡醒之后就变成这样了。

爸爸：宝贝，不用不好意思，这是每个男孩儿都应该有的生理现象。男孩子进入青春期后，由于睡眠时的性感觉和性幻觉造成海绵体充血，阴茎变硬，它会勃起而突出于身体，有时候勃起会伴随着射精，有时候没有。同时发育的还有睾丸，睾丸制造精子，精液生成后积少成多，最后由多至满，第一次的“精满自溢”，也就是“梦遗”就此发生了，以后还会时有发生。所以，当你睡醒之后，会发现自己腿上、内裤或被单上有一些黏糊糊的东西，这是精液。有这些现象，则说明你的身体很健康，发育很正常。这是一件好事呀！

儿子：是这样呀！

一般男孩子在青春期会发生首次遗精，这意味着男孩儿摆脱孩儿童的身体和思想，已经成为了一个真正的男子汉了，父母应向儿子祝贺，通过谈话或其他方式，对孩子进行生理和性教育，让他开始肩负社会和家庭的责任。

女儿：妈妈，我的同桌今天上课不小心从书包里掉出来一个卫生巾，还说大姨妈快来看她了，大姨妈来看她为什么要带卫生巾呀？

妈妈：宝贝，大姨妈只是一个说法，不是一个人。女孩子长大了，会有周期性的子宫内膜脱落造成阴道排血现象，也叫月经或者例假。你不是见过妈妈上卫生间流血吗？那就是了。

女儿：妈妈，排血会疼吗？

妈妈：临来月经前的几个小时内肚脐以下腹部可能会有疼痛的感觉，但是又不是像闹肚子那种痛，而是隐隐地痛。宝贝，你也已经发育了，现在妈妈教你怎么做。这是一个卫生巾，如果第一次来临，千万不要惊慌失措，把卫生巾粘到内裤上面垫好，就不会弄到衣服上了。

女儿：月经期间要注意什么吗？

妈妈：东西方女性观念不太一样，西方女性认为月经期间和平时一样什么都可以做，甚至可以游泳，只是需要带上月经棉条。东方女性则认为经期饮食应以温热清淡为宜，进行适当的运动和体力劳动，要有足够的睡眠和休息，保持心情舒畅情绪稳定。

女儿：妈妈，以后“大姨妈”每个月来看我的时候，我都要用卫生巾了，那么使用卫生巾有什么禁忌吗？

妈妈：这里还真是有几个禁忌呢！忌使用卫生巾前不洗手。否则用手将卫生巾拆封、打开、抚平、粘贴的过程，会把大量的病菌带到卫生巾上。忌将卫生巾放在卫生间里。我国多数卫生间是阴暗潮湿的，很容易滋生真菌。忌不看保质期，图方便一次买许多包卫生巾。实际上，卫生巾的卫生要求非常严格，离生产日期越近，质量越有保证。忌买促销品。一般来说，促销品、赠品往往是商家搭售的滞销品，比如用料更经济、检测更宽松、库存时间更长等，这就难保产品质量。忌做厂家的“新品实验员”。现在新品牌、新品种、新面料、新概念满天飞，比如流行的干爽网面，有许多过敏体质的人用后会出现红肿、发痒的过敏现象。忌用带有药物或香味的卫生巾。大多数医生不赞成使用这类卫生巾，这些成分也许会对机体产生不良影响。忌更换卫生巾不勤。中国女性每一经期卫生巾用量明显少于欧美和日本女性，因为节省而付出健康的代价是不可取的。忌一味追求大吸收量。懒于更换卫生巾的做法是非常错误的，导致细菌滋生。

女儿：妈妈，我有点害怕，万一卫生巾没有粘好，血流到衣服上，被同学看见，那该多难为情呀！

妈妈：白天，你勤换卫生巾，防止侧漏，夜晚睡觉的时候，在卫生巾的后面再横着贴一张卫生巾，这样你身下的位置就铺满了，不会弄到床单或者衣服上，可以整晚安睡。

女儿：妈妈，你好有办法！

月经的来临，标识着女孩子走向成熟，由孩子过渡到成人。这时，父母要多让孩子了解和理解月经及其注意事项，做足准

备，以免孩子手足无措，出现月经弄到衣物上而遭到嘲笑的事件，从而产生不必要的心理负担。

女儿：妈妈，我的胸开始发育了，能戴像你那样漂亮的文胸了吗？

妈妈：宝贝，丰满的乳房是女孩特有的美。到了你现在这个阶段，卵巢开始发育并分泌雌激素，乳房就会逐渐增大。一般在4～5年后之才定型。乳房发育成熟后，就可以穿文胸了，我们一定要重视它，爱护它，给它穿上舒适、质量好、便于活动的胸衣。来，我给你量一下，你看，从乳房上底部经乳头到乳房下底部的上下距离小于16厘米，说明现在还不适合戴胸罩。以后要增加营养，适量锻炼，尤其是锻炼胸部肌肉，使胸大肌发达，这样能促进乳房发育，使它长得丰满美观。

女儿：那它长大了多不好意思呀？我穿上紧身的内衣裹着它。

妈妈：千万不要，穿紧身内衣、束胸、因为害羞含胸走路等，对你的健康发育有很多害处的。

孩子：那好吧。

青春期女孩穿胸衣的重要目的是为了维持乳房的正常发育，起到保健作用，所以要穿专门设计的背心式胸衣，面料上要选择纯棉或优质的化纤面料，视觉上也不突出，避免孩子的尴尬。

儿子：爸爸，我有点尴尬。

爸爸：怎么了？

儿子：感觉自己的阴茎好像比别人的小。

爸爸：大多数人都有这种担心，等长大以后，就会发现没有什么区别。

儿子：包皮也有些长。

爸爸：平时注意卫生，进行清洗，不会影响健康和性功能的。如有反复感染，等到适当的时候可以进行包皮环切术，把多余的包皮切除，这样对自己和将来伴侣的健康也有好处。

儿子：今天正在上课的时候，我突然勃起了，幸亏没人看见。

爸爸：以后尽量穿宽松的内裤或裤子。

儿子：这很重要吗？

爸爸：非常重要。穿紧身的牛仔裤或紧身内裤，把睾丸和阴茎紧紧挤在裆的体壁上，这种约束可能会引起频繁射精，或引起失眠、头晕、疲乏、精神不振等症状。还有，阴茎是非常敏感的，可能会在一些尴尬场合勃起，也称为自发性勃起，穿紧身裤就会显出来，可能会让你产生焦虑、紧张或担忧的情绪，这只能使事情更糟，造成一些心理负担，影响学习和生活。

儿子：那怎么办呢？

爸爸：此时，最好的办法是分散注意力，干别的事情，精力一分散，勃起就会消退。也可以说服自己认为自发性勃起是自发和自然的，这并没有什么大不了，问题就迎刃而解了。

阴茎作为性器官，是男性的标志。青春期前长度一般不超过5厘米，但在12～13岁其生长速度较快，可长至12厘米。阴茎的大小、长短、粗细都是因人而异的，只要能够正常勃起，没有不适感，基本就是正常的。作为家长，可以为男孩子准备一些与青春期身心健康的书籍、视频等，帮助孩子了解相关知识。

儿子：爸爸，我看网络上还有杂志上提到过手淫，手淫很下流的，是这样吗？

爸爸：不能把手淫简单地看做肮脏、下流、不道德的事。其实，你两三岁时就会摸自己的小鸡鸡。你现在这个年龄，有性冲动，不能排解，可以用这种方法获得满足和快感。

儿子：有办法避免吗？

爸爸：有的，多做体育运动，或多去娱乐就可以减轻。比如，上床前最好坚持半小时的体育锻炼，达到疲劳的程度。也可以看看书，尤其需要记忆的部分，这样容易马上入睡，就不想与手淫有关的事了，避免过度手淫。

手淫是一种自慰方式，不论男性和女性，都是一种正常的生理、心理现象。通过手淫去释放积聚的性冲动的能量，能缓解性冲动。男孩儿女孩儿都会有，男孩儿更多见。在我们国家，这种现象相当普遍，频率也比较高，80％以上的男孩儿有过手淫历史。它是性交的一种替代方式，具有自限性，本身没有严重后果，而且是松弛性压抑的一种途径，是性治疗的一种手段。偶尔的手淫，不会对身体产生什么生理影响。出现负面影响是由于对手淫的错误认识所致。其实手淫就是手淫，是不违背法律和道德的性行为，适度的话是无碍健康的。但有人一天手淫五六次，这就属于过度了。总之一句话：适度无妨，过度有害。

儿子：爸爸，我特别喜欢有一部影片里的那个女明星。

爸爸：那女孩儿很漂亮。你有梦到她吗？

儿子：有过几次。

爸爸：那是正常的，像你这么大年龄时，我也一样。

青春期男孩儿生理已经成熟，意识到男女之间的差别。在性激素的作用下，对异性表现出好奇和向往，自然会出现一些爱慕异性、接触异性的想法。比如，喜欢看漂亮女性，把漂亮的影视明星照片放于床旁或贴于墙上或作为手机屏保等。爱美之心，人皆有之，这些都是正常的心理现象。

女儿：妈妈，据说很多男孩子很在乎女孩子是不是处女？

妈妈：是的。每个女性都有处女膜，位于阴道入口，是一层薄膜，女孩儿进入青春期，处女膜已经所剩不多，但在第一次性交时处女膜可能会破裂出血。有些人认为，女性的处女膜破裂就意味着不再是处女了，其实不尽然，有的女性的处女膜虽然完整，但也已不是处女了，有的女性确实是处女，而处女膜已破裂。这是因为有些处女的处女膜口大，弹性好，膜内血管少，处女膜可以不破裂；有的处女，因某些意外，使处女膜破裂，如有的女性在儿童期无知，将小玩具插入阴道，有的遇到外伤或尖锐物碰巧抵在外阴部，有的因洗涤、自慰或阴道塞药造成损伤，也有的处女膜本来就很脆弱，从事剧烈运动时可使之破解。因此，凭处女膜是否破裂来鉴定处女是荒谬的。

女儿：进行性行为，至少需要多大年龄？

妈妈：在双方有能力承担与性行为相伴随的责任之前，不应该有性活动。这些责任包括生育，有性行为就会有生育的可能。性行为包括拥抱、亲吻、爱抚和性交。前三种是安全性行为，不会导致怀孕，而性交会引起怀孕或者生育的。如果一个男孩儿、女孩儿在小学、初中或者高中时就有了孩子，能照顾好这个孩子吗？在这个年龄段，对于男孩子来讲是负不起这个责任的，会产生挫败感；对于女孩子来说，无论是生育还是堕胎，都会导致一系列心理和生理上的重大影响。因此，至少要等到 18 岁以后才可以有性行为。

女儿：为什么性交会怀孕呢？

妈妈：宝贝，女孩子进入青春期，每月成熟一次，同时子宫内膜像棉被一样在为怀孕做好准备。而男孩子在第一次射精后，就已经是成熟的男人了。如果男孩儿女孩儿没有性行为，卵子没有与精子结合，这些特殊的棉被就不需要了，它们会以血液的方式，通过阴道流出。而如果有了性交行为，卵子一旦受精，月经就会停止，女孩子可能怀孕，进行早孕测试就可以知道。

女儿：那看来，性交是有风险的，过早地进行性行为，怀了孕影响就大了。

妈妈：是的，过早地性交，对女孩儿有很多害处。青春期内，女孩子身体各系统器官还正在发育，尤其是内在生殖器官还没有完全发育成熟，这时性交十分有害。首先，性交过早会造成生殖道损伤及感染，如果控制不及时还会使感染扩散甚至有感染艾滋病的危险。其次，如果怀孕，可能要做人工流产，这对女孩子非常不利，有可能会出现一系列并发症，如感染、出血、子宫穿孔以及婚后习惯性流产甚至不孕，严重影响心理健康。再者，过早性行为常常是偷偷摸摸进行的，十分紧张，因怕怀孕、怕暴

露而产生恐惧感、负罪感及悔恨情绪，后期会使女孩子出现心理障碍、性欲减退，性冷淡等情况，甚至厌恶男子、厌恶性生活，这将严重影响其一生的幸福生活，降低值得感，对婚姻有极大的破坏力。最后，过早性交也会影响学习和生活，青春期正处在学习的黄金时期，如果有性生活，必然会影响学习，对本人、家庭、学校和社会都不利。所以，要珍惜自己的青春，自尊自爱，远离性生活，对自己的身体和将来的幸福负责。

女儿：可是广告上说，有无痛人流，现在医疗技术发达了，如果怀孕，还是比较容易解决的吧？

妈妈：千万不要相信这些广告，它会误导女孩儿，把堕胎不当一回事。实际上，堕胎对男女双方影响都很深远。从心理学角度说，男方会因为流产的小孩儿影响到金钱关系，女方潜意识里关注流产的孩子多过存活的孩子，还有些人可能因为一次的堕胎一辈子都不会再有愉悦的性，更有甚者，多次流产造成不孕不育，这对女孩儿未来两性关系、伴侣关系和婚姻生活都会造成巨大的隐患。

女儿：如果两个人把控不了自己，要决定发生呢？能有措施不产生不良后果吗？

妈妈：可以使用避孕套。发生性行为的时候，套在男方勃起的阴茎上，使射出的精液排在套内，阻断精卵结合，就达到了避孕目的。同时它还可以阻止艾滋病、性病的传播。如果有无防护的性交或避孕失败或者被强奸，女孩儿可以服用一种药物，在72小时内（越早越好）紧急避孕，以防止怀孕造成更大的伤害。紧急避孕药只是种临时的补救措施，不能经常、反复使用，因为多次使用会造成月经紊乱、出血等，影响身体健康。

女儿：妈妈，我听到过一种说法，说男人“一滴精十滴血”，很耗费精力的，性生活让男人那么累呀？

妈妈：事实上，一次性爱运动只消耗100～300卡的热量，对于男性来说，很快就可以恢复的。

女儿：妈妈，艾滋病是通过性交传播的？

妈妈：艾滋病通过精液、血液和母婴传播，别称“获得性免疫缺陷综合征”，危害性极大，目前是不治之症。如与感染者性交、输入感染者的血液、共用针管注射吸毒等，就会感染。而女性感染者在妊娠期或哺乳期还会把病毒传染给自己的孩子。不但艾滋病，还有很多性病，比如淋病、梅毒、尖锐湿疣等都是通过性交传播的。所以，无论男孩儿女孩儿，一定要杜绝滥交和不洁性交。

女儿：同性恋是否更容易感染艾滋病毒？

妈妈：是这样的。同性恋更喜欢与自己性别相同的人，而不是异性。男性最直接、最多传染艾滋病毒的方式就是与同性恋肛交（将阴茎插入对方的肛门），而这是非常危险的。

女儿：妈妈，我一定好好保护自己！

由于学校和家庭性教育的缺失，再加上网络等一些非正规渠道的“性教育”，青少年普遍缺乏对性行为和性知识的正确认识，亟待加强自我保护意识，为以后的性生理和心理健康做好基础。

女儿：妈妈，第一次美好吗？

妈妈：那要看你们有没有准备好呀！

女儿：怎么样才算准备好呢？

妈妈：首先要透过对方的态度看清他（她）的本质，自爱还是始乱终弃，你是哪一种？而你又要哪一种？

女儿：当然是要自爱呀！

妈妈：那就彼此负起责任来。如果两个人相爱，双方家庭都有婚姻意愿的向往，你和男孩子也都已经做好了心理和身体上的准备，确定好了时间和地点，穿上美丽的衣衫，气氛温馨，做好了安全措施，那就与真正相亲相爱的人生伴侣迎接你们的第一次吧。当你们身体上互相拥有，那将是世界上最美妙的事！

女儿：妈妈，将来我一定准备好再去迎接我的第一次，那一定是很幸福的！

妈妈：宝贝，到时候妈妈祝福你！

如果接受了完整的、良好的性教育，随之高贵起来的是孩子的整个生命，将为其婚后生活奠定幸福的基础，面对种种诱惑，通过比较，孩子自然会做出明智之选，远离不忠与伤害，保证婚姻的品质。而孩子的小家庭过得好，是对父母最大的孝敬。所以，性教育对于预防流产率和犯罪率，对于家庭美满乃至整个社会的和谐，都有深远的意义。

最后，祝愿我们的孩子一生“性福”！

第十堂课

家庭契约管理——一生好习惯

在亲子教育中，家长最常用的方式是说教，但伴随着孩子的成长，家长会发现说教效果不大，而且很容易形成亲子之间的冲突。有没有一种更好的方式，让亲子沟通变得简单呢？

与孩子订立《家庭契约管理书》就是降低家庭摩擦成本、建立家庭诚信文化的一种有效方法。

契约

又名合约，是在两个或两个以上的当事人之间为设立、变更或终止法律权利和义务而达成的协议。一份契约包含一项或数项许诺。通常，契约责任是以自由同意为基础的（契约自由原则）。

家庭契约

家庭契约是家庭成员相互间具有约束力的协议。这个契约所关心的是实现所约定的家庭日常生活义务，是以家长和孩子自由同意为基础。

制定契约的原则

要遵守契约订立的公平、公正、合理的原则，家庭契约还有特别重要的一个特征——可以实现。

签订《家庭契约管理书》的年龄阶段

0～2岁不用定契约。

3～7岁，即孩子幼儿园阶段，以口头约定为主，如果书面约定，1～2条即可。

小学1～2年是制定书面契约的绝佳时期，孩子进入了学习、生活需要逐步规范的关键期，家长对孩子的要求增加，孩子与家长容易发生冲突的事件增加，契约的作用非常明显。

为什么把契约管理放在《为人父母必修十堂课》的最后一课呢？是因为签订契约要有一个基础，即家长与孩子建立了基本的信任。家长们通过《为人父母必修十堂课》前九堂课的学习，进行自我觉察，挖掘孩子的优点，也审视自己教育孩子的失误，改变自己，然后再来与孩子订立家庭契约，帮助孩子一起养成良好的生活、学习习惯，就顺理成章了。

我们一直在讲：没有问题孩子，只有问题教育。孩子问题的根源是家长的问题。如果没有前面的铺垫，家长没有意识到自己的问题，没有改变和成长，就想拿一纸契约约束孩子、管教孩子，并不能达到想要的结果。

《家庭契约管理书》的内容

固定全家交流时间；

固定零花钱；

固定家务活；

固定使用电脑时间；

固定交友时间；

固定父母陪孩子玩耍时间；

赚钱事物、家务价格；

高效完成作业；

全家旅游计划；
兴趣班；
玩具费、服装费、书费、通信费；
契约制定和执行；
契约精神。

固定全家交流时间

关系的基础是沟通，家庭成员之间要建立良好的沟通模式，希望孩子长大后，能与家长无障碍交流，要实现这个家庭梦想，在孩子小的时候建立固定全家交流时间特别重要。

误区

误区一：家长与孩子交流时，心不在焉。

误区二：家长对孩子说的事，反应过激。

正确的方式

以家庭会议的模式，建立家庭常规对话机制。

家庭会议的时间：以半小时为宜。根据孩子不同年龄阶段特征，采取不同的形式。

✲ 孩子 2 岁，每晚睡前谈心。

家长利用陪孩子读书的时间，与孩子约定，每晚临睡前将自己今天发生的事情跟对方讲一讲。孩子如果有不开心的事，经过与家长的讨论，能得到及时的化解，孩子便能够每天带着快乐的心境入睡。

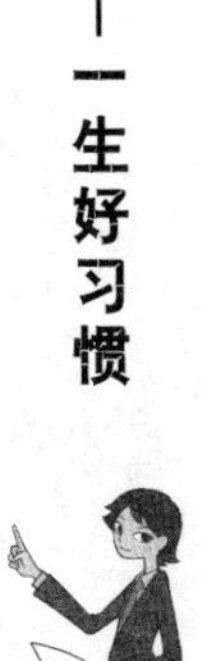

妈妈：宝贝，今天有什么开心的事和妈妈分享吗？

孩子：妈妈，我今天在小区里交了一个新朋友，我们一起玩橡皮泥，可开心了。

妈妈：太好了，真为你高兴！那么有没有不开心的事呢？

孩子：我的布娃娃不小心掉在地上，被人踩了一脚。

妈妈：喔，好伤心呢，来，妈妈抱抱！

……

✲ 孩子 4 岁起，每周例行家庭会议。

利用周末的时间召开家庭会议，最好在周末（周五、周六、周日）的晚上。一家人坐在一起讨论这一周发生的事情，家长能及时发现孩子在学校（或幼儿园）生活中遇到的难题，给孩子提供帮助。在家庭会议中，也可以讨论家里的大事，比如旅行计划、装修房子、买家具等，让孩子充分参与家庭事务的决策。

孩子：今天的家庭会议由我来主持，今天的主题是——讨论今年的旅游计划。请老妈先发言。

妈妈：我可以在 7 月底休假，我们去海边吧，北戴河或者海南。

孩子：请老爸发言。

爸爸：海边很不错，不过我们去年去的海边，今年去草原吧，宝贝儿可以骑骑马，锻炼一下胆量。你们看如何？

孩子：我觉得老爸的提议不错，老爸能不能再具体一些，是自由行还是跟团？

……

孩子：下面，我来进行总结发言……今天家庭会议大家发言都很积极踊跃，会议圆满结束，来，咱们一起互相拥抱一下！

✲ 孩子 18 岁以后，两地家庭会议。

读大学后，孩子到外地读书，远离父母，家庭会议如何坚持呢？可以召开视频会议，或者建立家庭微信群，在群里进行讨论，分享彼此的欢笑和泪水。

女儿去澳洲读书了，每个周末她都会打电话给爸爸妈妈，聊聊自己的学习生活。

女儿：妈妈，我最近喜欢上听日语歌，学日语了。

妈妈：好呀，我和阿姨们在一起呢，给我们唱一首日语歌吧？

电话另一端，女儿开始唱了。她与妈妈这样的交流，让在场的阿姨们好羡慕。

女儿：妈妈，你和爸爸最近有没有拌嘴呀？别管爸爸那么紧，多去喝喝茶，做做美容。

女儿：爸爸，你要多疼疼妈妈，女人都是要哄的，呵呵！

其实，女儿身在国外，她做了什么事，如果她不和家长说，家长都不知道。为什么她能保持和家长每周联系呢？就是因为女儿从 2 岁起，家长就和她建立了常规对话机制。

通过这样的过程，家庭成员形成良好的沟通模式，孩子与家长不易形成对立，良性的家庭文化逐步形成。

固定零花钱

要不要给孩子零花钱？这是家长们讨论热烈的一个问题。我们生活在物质世界，钱是每个人都不可回避的一个话题。主张不给孩子零花钱的家长，其实是对孩子理财教育的一种逃避，这会给孩子的成长造成缺憾，是对孩子不负责任。孩子对零花钱的欲望其实是对支配权的欲望。

误区

误区一：给零花钱会让孩子养成乱花钱的习惯，坚决不给。

误区二：我小时候太穷了，不能让孩子受苦，孩子要多少给多少。

在这两个误区中，我们看到，关于零花钱有两个动力：一个是如何给，式一个是如何花。

正确的方法

建立契约、定时发放、孩子自主，而且要和家务活结合在一起。

零花钱契约

甲方：家长

乙方：孩子

经过双方友好协商，就以下事项达成一致：

1. 零花钱一周发一次！每周日晚，由甲方给乙方发____元。

2. 乙方不能再向其他人（爷爷、奶奶等）要钱。

3. 零花钱由乙方自由支配，甲方不能过问，不能干涉钱花在哪里。

4. 乙方自第一次领到零花钱起，必须每天承担一项家务活（比如洗碗一次，睡前倒垃圾等）。

甲方（签字）：　　　　　　　　乙方（签字）：

年　月　日

✲ 零花钱发放要定时、定额。

孩子：妈妈，我现在上小学了，你给我发多少零花钱呢？

妈妈：宝贝，从现在开始，你每周的零花钱涨到 10 元，是不是很开心呢？

孩子：太棒了！谢谢妈妈，一周 10 元，一个月就是 40 元，感觉好有钱！

妈妈：要好好使用你的“钱宝宝”哦！

零花钱可以根据年龄阶段和不同的经济条件进行调整，我们建议小学生每周 10～30 元，中学生每周 30～100 元零花钱。

知道自己每周、每月会有多少钱，孩子才能做到计划消费、计划储蓄。随意扣留孩子的零花钱，这是家长在滥用权力，会伤害孩子的自尊。

✲ 零花钱的使用由孩子自己做主。

孩子买什么，家长不要管。如果孩子很快用完了，再向家长要时，家长要温柔而坚定地拒绝。孩子可能会哭闹，家长一定要坚持，一周、两周、一个月之后，孩子就能很好地规划自己的零花钱了。在这个过程中，家长可以帮助孩子一起做规划，不能用零花钱取代家长对孩子的关心和教育。零花钱只是教育的一种载体，而不是内容，父母的职责是爱孩子和教孩子，这是任何载体都替代不了的。

特别提醒家长：家里事先要达成一致，只有一个人给孩子发零花钱，其他人不能偷偷给，如果家里其他人想表达给孩子的爱，最好在过年的时候给孩子压岁钱。

✲ 压岁钱的管理。

现在多数孩子过年能收到千元以上的压岁钱，有的甚至上万。这样一笔金钱到底归孩子支配还是家长支配呢？

家长会认为数目太大，不能给孩子；而且压岁钱都是家长发出去的钱，只不过以孩子的名义收回来了，这个钱需要“上缴”。家长的想法有道理，但我们主张压岁钱回归孩子。

家庭教育的最终目标是孩子 18 岁经济独立，那么孩子经济独立时如何保证孩子有一定的经济基础，压岁钱是特别重要的积累。压岁钱数额较大，建议家长与孩子制订计划：

把压岁钱的 10%～20%拿出来，作为这一年的灵活开支，给爸爸妈妈、爷爷奶奶买生日礼物，买文具或其他一些大额支出。

剩下的大部分压岁钱最好存银行，目前多家银行都可以为孩子开银行卡，建议为孩子自己开办银行卡，把压岁钱存入卡中。

还可以拿出一部分做理财：可以存定期、买基金定投、买保险等。从小培养孩子的投资理财意识。

❈ 家长需要注意的三个细节。

细节一：不要用减扣零花钱来威胁孩子。

妈妈：宝贝，如果你再用零花钱买这些垃圾食品，扣你一半的零花钱！

孩子：妈妈，你说话不算话，你说过零花钱给我，买什么我自己说了算，你不干涉。我就是看同学吃得特别香，想尝一尝，又不是经常买。

细节二：让孩子自己付钱，感受买小零食、小玩具的过程。

儿子：爸爸，我想去小卖部买一个陀螺。

爸爸：好的，儿子，多少钱？

儿子：8块，我用自己的零花钱买。

爸爸：呵呵，真棒！爸爸在这里等着，你去吧！

……

儿子：爸爸，小卖部的叔叔看我自己付钱，很惊讶，我感觉好神气！

细节三：鼓励孩子给爷爷奶奶买小礼物，让孩子感受自己用零花钱给家人带来的快乐。

妈妈：宝贝，下周奶奶过生日，我和爸爸商量，准备一家人出去吃饭，再照全家福。你要不要给奶奶准备一个礼物呢？

孩子：当然要了，平时奶奶那么疼我。我想用我的压岁钱给奶奶买一双漂亮的棉拖鞋。

……

孩子：奶奶，祝您生日快乐，长命百岁！这是我送给您的礼物，是用我的压岁钱给您买的。

奶奶：好、好，我孙女真乖，还给奶奶买礼物，真有眼光，这棉拖鞋真好看！

孩子：奶奶，您穿上试试。

奶奶：正合适，穿着也舒服，我孙女长大了！

通过零花钱、压岁钱的使用、管理，一方面使孩子自主权、支配权得到满足，另一方面让孩子从小培养计划消费意识、延迟满足和表达爱的能力。

固定家务活

家务活有利于培养孩子的独立生活能力，一个人的家务劳动能力强，生活技能也高，独立生活能力就强，从而对生活充满自信，能独立面对各种困难。

误区

误区一：从小不用干，长大自然就会了。

误区二：根本干不好，净添乱，干完家长还要重新干。

正确的方式

根据孩子不用的年龄阶段，承担1～2项力所能及的家务活。

家务活契约

甲方：家长

乙方：孩子

经过协商，甲乙双方订立以下约定：

1. 乙方（××）作为家庭的一员，家里需要我，我愿意承担一项家务活，每天回家倒一次垃圾，并将垃圾扔到小区的垃圾桶。

2. 作为鼓励，如果一周乙方都自觉做好负责的家务活，甲方奖励乙方__________。

3. 如果乙方做得不好，甲方不给予奖励。

甲方（签字）： 乙方（签字）：

年 月 日

✻ 不同年龄阶段的家务活。

孩子从 3 岁就可以开始有家务活了，在不同年龄阶段，可以有不同的家务活。下面是《周正亲子二十法》中安琪儿的家务活。

3 岁

自己穿、脱衣服；

大小便自理；

整理鞋柜（有责任目标）；

自己的玩具玩过放回玩具箱内；

对与自己有关的事情做简单的决定；

帮忙给家里的乌龟、小鱼喂食；

学习把自己的衣服挂在自己的小衣架上；

自己刷牙；

自己吃饭；

自己走路。

5 岁

吃完东西自己简单清理；

自己开、关电器；

学会叠床单、毛巾被；

自己洗漱、学习自己洗澡；

负责去运动时取钥匙、划卡、取卡；

自己选择自己要穿的衣服，搭配好鞋子和帽子；

把脏衣服放进洗衣机；

整理鞋柜；

使用礼貌用语接听电话；

配合妈妈将全家人干净的衣服放入原位；

帮忙喂养乌龟、小鸟；

自己单独出去购买小件东西；

自觉执行玩游戏、看电视、外出交友的规定时间。

家长可以根据不同的年龄阶段让孩子承担不同的家务活。

要抓住孩子每个阶段的敏感期，让做家务成为乐趣。

妈妈：宝贝，今天的生日过得开不开心呢？

孩子：妈妈，今天我可开心了！

妈妈：宝贝，今天你就 5 岁了，你是我们家的重要成员，从今天起你自己照顾你的小伙伴，好不好？

孩子：我的哪个小伙伴呀？

妈妈：小乌龟呀，你负责给它喂食、换水，怎么样？

孩子：好的，妈妈，我最喜欢我的小乌龟了！

家务活有利于孩子养成勤劳的作风和培养劳动技能。懒惰笨拙的人是不受人欢迎的。从小参加家务劳动，不但能掌握一定的劳动技能，而且会养成勤劳的习惯。一旦走出家庭，走向社会，这些技能和作风，就会在集体生活中表现出来，受到大家的欢迎。

家务活有利于培养孩子的责任感，孩子从小做力所能及的家务，就会在不断的实践中逐步认识到自己是家庭的一员，应该而且必须完成一份家务劳动，为家庭集体承担一份责任，从而逐步形成一种家庭责任感。这种家庭责任感，便是今后社会责任感的基础。

固定使用电脑时间

美国最新的一项研究发现：学龄前儿童（3～5 岁）每周接触 3～4 次电脑，会促进他们学前能力的准备以及认知能力的发展。

使用电脑能促进儿童运动技巧发展，并提高识别数字即字符的能力。

现代社会，互联网已经是我们工作、生活不可或缺的一部分，网络改变了人们的生活，现在，互联网正以几乎改变一切的力量，在全球范围掀起一场影响人类所有层面的深刻变革，人类正站在一个新时代到来的前沿。不让孩子接触网络是不可能也是不现实的。

现在手机对人们生活的影响已经赶上甚至超过了互联网，手机的作用已远远超出了最初打电话的通信、联络功能，微商、微信、微课、移动办公、看电视剧等都可以通过手机实现，很多成年人也都是“手机控”，每天晚上睡觉和早上起床第一件事都刷手机。大人尚且如此，何况孩子！

关于孩子接触网络、电脑的误区

误区一：不装网线，完全禁止。

误区二：不加以控制，完全放任。

一些家长天真地认为，不买电脑，不装网线，孩子就不会沉迷网络。殊不知，这样的孩子一旦有机会接触网络、电脑，往往会非常贪恋。这类孩子有融入集体的需求。

孩子：妈妈，咱家为啥不买电脑呀？我们同学家里都有，他们经常讨论的游戏我都不知道，同学说我“out”了。而且，写作业查资料也要去麻烦你到单位去查，太不方便了！

妈妈：不买电脑是为了你好，小孩子都没有自控力，一玩游戏就容易上瘾。我们有几个同事经常讨论，说买了电脑，就控制不住孩子，特别头疼。等你大一些再说吧。

孩子：每次都说大一些，真没意思！下次我去同学家查资料了，不去你们单位。

一些夫妻双方都忙着挣钱，没有时间、没有心思陪孩子；还有的夫妻虽然与孩子天天在一起，但由于自己生活、心境、夫妻关系、工作问题或其他社会矛盾没有处理好，他们根本没有耐心陪孩子。这样家庭的孩子，父母给予孩子爱的浓度不够，孩子内心有空洞，就容易向外寻找安慰，也特别容易沉迷网络虚拟世界的交流，还容易早恋。

孩子：爸爸，这周你带我去看电影吧，《功夫熊猫 2》上映了，我想看。

爸爸：好的，宝贝。

电话响了。

爸爸：喂，老王，什么事？一起去泡澡，还有老张。好好，好久没见老张了。

宝贝，爸爸要出去谈事，让妈妈陪你去看电影吧！

孩子：爸爸，我听见了，你不是谈事，是去洗澡。

爸爸：洗澡就是为了谈事，要不在家洗就行了。小孩子不懂，下周爸爸再陪你啊！

孩子：爸爸，你老说话不算数，每次都说下周。

爸爸：宝贝，下周一定！

说完，爸爸急急地出去了。留下孩子一脸的失望。

孩子：妈妈，爸爸让你陪我去看电影。

妈妈：你爸爸真靠不住，我还要干家务，这周单位经常加班，累死了。你自己玩其他的吧，等你爸下周有时间陪你看。

孩子对看电影完全没有了兴趣，没有了期待，打开电脑，玩起游戏。

如果孩子已经沉迷于网络，沉迷于手机，怎么办？

✲ 家长为过去忽视孩子的需求，向孩子真诚地道歉，抽时间多陪孩子，多一些家庭成员相聚、陪伴的时间，特别是要品质陪伴，让孩子真切地感受到父母的爱，重新取得孩子的信任。

✲ 订立电脑时间契约书。

家长和孩子一起制定切实可行的契约。

电脑使用时间协议书

甲方：家长

乙方：孩子

经过协商，甲乙双方自今日起约定以下事项：

1. 乙方每周六、周日各玩两个小时的电脑。

2. 为了保护视力，每半个小时休息一下。

3. 如果乙方两次不遵守协议，超过约定时间 10 分钟以上，惩罚乙方停止玩游戏一天。

甲方（签字）：　　　　　　　　　　乙方（签字）：

年　月　日

由于现在多数孩子用手机玩游戏、聊天，家长可以参考上面的契约给孩子制定手机契约。手机的游戏时间一般比较短，因为屏幕小，为了保护孩子的视力，约定一次 15 分钟，可以约定平时放学后玩一次。

如果孩子没有沉迷网络，在买电脑或手机之前，要先订立契约。

✻ 做好监督执行。

制定契约之后，家长要舍得投入时间，监督契约的执行。一般来说，养成习惯需要 3 个月。在这 3 个月中，父母中的一方周六、周日必须在家，监督孩子执行，这个监督的责任不能由其他人代替。

在监督孩子执行契约的过程中，如果孩子不按时关机怎么办?

第一，家长要在离约定的关机时间前 5 分钟，到孩子屋里转一转，让孩子意识到，时间快到了，给孩子暗示。

第二，如果孩子不理睬，父母不要打骂，而是直接过去把电源关掉。孩子如果哭闹，家长唯一要做的就是不管、不理。但有一句话一定要说：“宝贝儿，我们约定好的，每星期玩两天，每天玩两个小时。现在时间已到了，你如果按时关机的话，明天你继续玩。如果你现在继续闹下去，明天你就玩不成了。”

在这个重新养成习惯的过程中，家长一定要有耐心和信心。

固定交友时间

哈佛大学心理学家加德纳提出，人际交往是一种基本智能，2～6 岁是人际交往智能成长的关键时期，这个年纪的孩子，当妈妈生病时，能理解、感受妈妈的难受，并且说一些关心的话语；对游戏过程中出现的矛盾和纠纷，能够学会克制独占、利己的想法，能与他人共同协商……最近，国际 21 世纪教育委员会提出，人际交往能力是教育的四个支柱之一，儿童早期的人际交往技能、交往状况会深深影响其未来的人际关系、自尊，甚至幸福生活。

关于孩子人际交往的误区

误区一：我的孩子非常优秀，我们只跟学习好的玩。

误区二：外面太不安全，不放心孩子出去玩。

正确的方式

✲ 在幼儿园阶段，家长在每次带孩子出去或者孩子自己去小区玩耍前，可以鼓励孩子多去认识新朋友，并且回来之后，让孩子描述一下新朋友的特点。让孩子带着交朋友的任务去玩，带着赞美之心去交朋友，一方面培养了孩子的人际交往，同时让孩子学会观察和与人相处。

妈妈：宝贝儿，你刚去学校，就认识了 5 位新朋友了，今天去学校再认识一位新朋友，晚上回来对妈妈说说好不好？

孩子：好的，妈妈。

晚上交流时间。

孩子：妈妈，我今天认识了新朋友叫然然。

妈妈：她的名字很好听，你发现了她哪些优点呀？

孩子：她可好了，今天我们一起做游戏，她帮我一起收玩具了。

✿ 当孩子到小学之后，家长要给孩子每周安排半天的交友时间，让孩子逐渐去形成自己的朋友圈。由于孩子从小就有发现别人优势的习惯，孩子在人际交往中就能游刃有余。

✿ 可以与孩子订立交友时间协议书。

交友时间协议书

甲方：家长

乙方：孩子

经过双方协商，甲乙双方自今日起约定以下事项：

1. 每周日下午是乙方交友时间。

2. 乙方可以去同学家玩，也可以邀请同学来家里；如果同学来家里，以乙方为主来招待，甲方配合。

3. 没有乙方同意，甲方不参与乙方的讨论。

甲方（签字）：　　　　　　　　乙方（签字）：

年　月　日

获诺贝尔奖最多的犹太民族，非常重视建立自己的关系网。犹太人散布在世界各地，与各地同胞之间的学习和交流是他们获得成功的原因之一。犹太人教育孩子要交真正的朋友，而且还提倡孩子广交朋友，锻炼孩子的社交能力。

人际关系代表着人的心理适应水平，是心理健康的一个重要标志，而人际交往不良常常是心理疾病的主要原因。缺少正常人际交往的孩子，往往会表现出以下适应困难：拘谨胆小、害羞怕生、孤僻退缩，或以自我为中心、不能合作、任性攻击。而人际交往中的尊重、分享、合作、关心则是预防和治疗这类心理问题的灵丹妙药。由此可见，从小培养幼儿具有良好的人际交往能力和水平，对促进其心理健康发展，预防各种心理疾病有着积极而重要的意义。

固定父母陪孩子玩耍时间

孩子的成长是不可逆的，陪伴是最好的教育。父母的陪伴能让孩子感受到家庭的温暖，让孩子感受到父母的爱，感受到生命的完整，在以后的生活和学习方面才会安心，对以后的人生才能有更全面的认识和理解。

陪伴孩子的误区

误区一：我天天都在孩子身边，不就是陪伴吗？

误区二：单位让加班，领导让去陪客户，我能不去吗？

这里说的陪伴孩子，不是家长在孩子身边就可以了，而是家长“品质”陪伴——全身心投入，与孩子做游戏，听孩子讲发生在学校的事情，或者陪孩子读书，家长的身心与孩子在一起。

正确的方式

把陪伴孩子的时间固定下来，把其他事情安排在这个时间之外。

孩子：爸爸，你答应我今天下午陪我玩的。

爸爸：当然，儿子，爸爸已经安排好了，今天下午爸爸哪里都不去，就陪你玩儿。

孩子：太好啦！爸爸，我们去溜冰吧？

爸爸：没问题。

路上，爸爸的电话响了，接起电话：老张，来打牌吧，刘总也来了，三缺一，就等你来。刘总是爸爸一直想认识的人，爸爸心里有挣扎。儿子也巴巴地看着爸爸，爸爸看着儿子渴望的眼神，他决定不失信于儿子：“老王，非常感谢你记着我的事，实在不好意思，今天我要陪我最重要的人，你告诉刘总，下次我专门拜访他。”

儿子听了特别开心：我是爸爸最重要的人！

家长陪孩子玩耍协议书

甲方：家长

乙方：孩子

经过协商，甲乙双方自今日起约定以下事项：

1. 每周末至少有半天为家庭出游时间。

2. 爸爸妈妈陪孩子一起度过，如果有特殊情况，至少有一方陪伴。

3. 优选户外活动，可以去公园、看电影、找朋友、在楼下玩、去购物、郊游。

甲方（签字）：　　　　　　　　　　乙方（签字）：

年　　月　　日

父母的陪伴既然如此重要，那么应该从孩子多大开始呢？

其实这个陪伴应该从孩子还在妈妈肚子里时就开始，睡觉前夫妻之间愉快、温馨的交流，就是对胎儿最好的陪伴。

当孩子出生以后，0～3岁，家长多陪孩子一起玩耍，做游戏。

孩子3～6岁，可以通过每天半个小时的睡前故事，陪孩子度过一天中温馨的时刻。

孩子6岁以后，要在家庭契约中约定每周半天户外活动时间，家长一起陪孩子度过。这既可以增进家庭成员的关系，也是家长特别好的放松时机，同时也让孩子体会到工作和休闲的合理安排。如果家长忙得连半天的时间都抽不出来，会让孩子对工作心生怨恨和恐惧，特别是有家族企业的家庭，如果想让孩子将来继承家族企业，并将家族事业发扬光大，家长更要多陪伴孩子，让孩子看到财富带来的不仅是物质的富足，更是时间的自由。

教育孩子就像牵着一只蜗牛在散步，需要家长的爱心、耐心、细心，虽然也有被气疯的时候，但收获的是亲子之间浓浓的爱和信任，成就的不仅仅是孩子。爸爸的陪伴更关系到孩子未来的职业发展。

赚钱事务、家务价格

从孩童时代学会如何挣钱、花钱，对一个人的健康成长，形成正确的道德和劳动观念意义重大。

英国心理学家曾对 100 名 3～8 岁的儿童进行过调查，询问他们：钱从哪里来？

第一类回答：钱是从爸爸兜里掏出来的。

第二类回答：钱是售货员的。

第三类回答：钱是银行的。

第四类回答（只有 20%）：钱是工作挣的。

心理学家得出结论：孩子兜里越早有钱，他们就越快适应成年后的生活。

误区

误区一：挣钱是长大以后的事。

误区二：这么小就挣钱，钻到钱眼里去了。

正确的方式

家长给孩子提供挣钱的机会。

孩子：妈妈，我想买一个好的耳机，大约需要300元，我现在只用150元，我干家务活再挣100元，剩下的您再帮我添添行吗？

妈妈（心里窃喜）：好主意，你准备多长时间挣够100元呢？

孩子：半个月吧。

妈妈：全力支持，你去看看你的赚钱家务活，计划一下。

孩子：这一周，洗碗的活我包了，周末再帮您做一次饭，还有擦鞋、整理衣服。周末不是家庭聚会吗？我负责拍照，回来整理照片，差不多了。

赚钱的家务活也是培养孩子财商的重要手段，家长都希望孩子有一个富足无忧的人生，财商教育就要从家庭开始。

孩子人生的第一桶金来自家庭。

制定家务价格表

洗碗：一次2元。

做饭：一次10元。

拖地（全部）：一次20元。

擦鞋：一双2元。

刷鞋：一双5元。

……

在制定赚钱的事物和家务价格时，最重要的原则就是“合情合理”。“情”是指符合孩子的年龄，“理”是指符合市场价格。

赚钱的家务活和孩子必须承担的家务活是分开的。家长也不要指望把赚钱的家务活让孩子常态化，比如孩子洗碗干得不错，家长很开心，结果干了三次，孩子不干了，家长可能就不开心了。其实这非常正常，孩子一段时间特别专注于干家务活赚钱，可能是想买一样东西，钱攒够了，就不干了。家长不要干涉，决定权在孩子。

除了家务活，家长还可以为孩子创造一些商机：通过易货交易将不用的书籍、玩具进行交换或出售。孩子自己也会在这个过程中发现商机。

通过赚钱的事务和家务活，不仅让孩子的动手能力、劳动习惯得到培养，同时，孩子通过自己劳动，可以满足自己的部分需要，这让孩子体会到了劳动创造价值。另外，孩子的延迟满足、财商意识都得到培养。

高效完成作业

写作业是孩子学习过程中最重要的事，也是孩子应该做的事。这个事情怎么就成为问题了呢？

误区

误区一：在孩子小时候对其过度保护，怕磕、怕脏，限制孩子太多，什么家务也不用孩子做，看书学习是孩子唯一的事情。

误区二：给孩子布置额外的作业，孩子写完了老师留的作业，还要完成家长布置的作业。

前者导致孩子缺乏好奇心，剥夺了孩子探知世界的机会，孩子对学习不感兴趣；后者导致孩子压力大，为了少写作业，故意拖拉。孩子在0～6岁这个时期都是在储备学习能力，孩子的学习并不是从小学才开始的，而是从胎儿期就开始的。

正确的方式

制定写作业的契约。

写作业协议书

甲方：家长

乙方：孩子

经过协商，甲乙双方自今日起约定以下事项：

1. 乙方平时放学回来先写作业，争取在____小时内把作业完成。

2. 如按时完成作业，乙方可以选择完成作业后的活动项目，由甲方陪同一起散步、玩游戏等。

3. 如果无特殊原因，写作业超时半个小时以上，取消当天的活动项目。

甲方（签字）：　　　　　　　　　　乙方（签字）：

年　　月　　日

如果孩子已经大了，坏习惯跟了很多年，家长要做的是：

放下焦虑，接纳孩子的现状；

要坚信孩子能够学好，家长的信念和信心非常重要；

与老师做好沟通，不要批评孩子，和老师一起发现孩子点滴的进步，并去表扬；

家长的言传身教非常重要，戒掉拖拉的习惯，加强自身学习，引领孩子。

全家旅游计划

古人云：读万卷书，不如行万里路。旅行能让我们看、听、品不同的人、事、物，拓展我们的视野和经验，而且由于会有很多未知的事情发生，十分考验我们的应对能力。旅行可以锻炼孩子的勇气，让孩子换个角度看世界，锻炼孩子的独立性、自主性，建立多元的价值观，让孩子建立不同的人生观和世界观。

全家旅行计划书

每年至少一次省外游，两次省内游。旅行地点由家长和孩子商量确定。

孩子负责：收拾自己的行李，与家长一起规划路线，回来帮忙整理照片。

家长负责：支付旅行的费用，不发脾气。

旅行归来一起总结旅行收获。

旅行中，父母对孩子的观察一定比平时在家里要关注百倍，旅行不仅让孩子感受自然，看到广阔的世界，更重要的是家庭成员能朝夕相处，增进彼此之间的感情。

特别需要强调的是，一定要为孩子单独准备一个旅行箱，每次出门让孩子自己准备物品，孩子在这个过程中，会学会查天气，了解带什么样的衣服合适，学会如何收拾行装。女孩子出门特别推荐带丝巾，既可以遮阳，又可以在空调下保暖，还能为拍照增加一份色彩。

兴趣班

孔子曰：人分三，生而知之为之上，学而知之为之中，学而不知为之下。这就是优势所在，家长要做的就是发现孩子的“上”在哪里。

误区

误区一：反正不去兴趣班，孩子在家里也是玩，时间也浪费了。

误区二：别人都去上了，我的孩子不上会落后的。

正确的方式

选择适合的兴趣班，发现孩子的优势。

在孩子成长的过程中，家长很重要的一项职责是发现孩子的优势，兴趣班应该是帮助家长发现和固化孩子优势的重要途径。家长一定要让兴趣班回归到兴趣本身。家长要带着观察和耐心，不断去发现孩子的优势。

如何为孩子选择兴趣班？

✲ 幼儿阶段，多去尝试。

结合孩子优势特点、木桶短板原理和社会发展需求，有目的地选择，但前提是孩子有兴趣，才上兴趣班！

孩子：妈妈，那个姐姐跳舞真好看！

妈妈：宝贝，你想不想像姐姐那样呀？

孩子：想。

妈妈：我们跟着姐姐的舞蹈老师一起学好不好？

孩子：妈妈，真的吗？太好了！

✲ 为了考学，弥补短板。

孩子要入小学、考中学、上大学，在此之前，适当做一些准备也是无可奈何的，但要尽量选择趣味性强、注重思维培养和兴趣引导的课程，切忌强行输入。

妈妈：宝贝，你现在已经是初三了，你的数学成绩一直在中等，影响考学呀，找一位老师给你辅导一下吧。

孩子：补一下也可以，最好一对一，别弄到什么提高班，我听不懂没用。

妈妈：好的，我们先和老师沟通一下，你觉得听得进去，再跟着学，好不好？

✲ 劳逸结合。

一段时期的兴趣班数量不易过多，一次课程的时间也不能太长。

孩子：妈妈，钢琴班我不想上了，你让我学写字、英语、舞蹈、钢琴，我都没有玩的时间了。

妈妈：宝贝，妈妈也没有指望你将来走这些专业，就是希望培养你一些兴趣，你们班同学不都是有好几个兴趣班吗？

孩子：那都是家长逼的。我本来对弹钢琴还有兴趣，现在一点儿也不想弹了。

妈妈：你如果实在不想上，咱们先停一段时间。下学期就保留两个兴趣班吧。

✲ 根据孩子的性格选择兴趣班。

比如：喜欢模仿，适宜学表演；喜欢打闹，适宜学武术；喜欢安静，适宜学围棋；喜欢说话，适宜学声乐；喜欢动手，适宜学书法。

爸爸：老婆，咱儿子这么喜欢舞枪弄棒的，让他学跆拳道吧？

妈妈：他本来就喜欢打闹，再学了跆拳道会不会打人呀？

爸爸：你想多了，跆拳道是健身运动，儿子就是精力旺盛，去学跆拳道，他可以尽情释放精力。

妈妈：好吧，听你的，带他先去试试。

✲ 兴趣班一定要以兴趣为前提。

报班之后，家长一定要抱着“只问耕耘不问收获”的态度去面对，更多地引导孩子去享受这个过程，而不是定一个目标。

在《爱上学习爱上写作业》一章中讲到人生八大支柱，如果其中七个支柱都坍塌或不能很好地支撑，只能留下一个支柱，那个支柱应该是什么？就是优势。所以，家长不要贪多，让孩子疲于奔波在各种兴趣班之间，一定要选择适合孩子，能够彰显孩子优势的兴趣班，孩子不喜欢的该放弃就放弃。

兴趣可以使人的智力得到开发，知识得到丰富，眼界得到开阔，孩子的兴趣可能会在一瞬间发生变化，作为家长就要懂得适时把握住兴趣萌芽的那一刻，使孩子的兴趣得到茁壮成长。

有哪些课外班，要让孩子从小学习呢？

7 岁，要开始培养孩子的英语语感，可以用动画片的形式引导孩子。利用假期，找一个孩子最喜爱的动画片，每天先读 5 句英语，然后看喜欢的动画片，家长要盯一个月，帮孩子一起养成习惯。

小学的时候，一定要找一个数学教得好的老师为孩子补一个假期的数学课，让孩子不恐惧数学。

14 岁以前，一定要和孩子每周共同讨论 5 篇作文，让孩子不害怕作文。

有了这些习惯，孩子初中以后，家长就可以悠闲地喝茶，孩子学习自动运转。

玩具费、服装费、书费、通信费

教孩子正确花钱也是财商教育的重要内容，玩具费、服装费、书费、通信费是孩子在不同年龄阶段，需要支出的项目。家长可以根据孩子的年龄、平时的开支情况、家庭的经济条件，合理核定数额，按月发放，以小学为例：

玩具费，主要集中在幼儿园和小学阶段，20～100 元/月。

服装费：300～600 元/季，按季或按年发放。

书费：20～100 元/月。

通信费：20～50 元/月。

以上所有这些费用和孩子的零花钱一样，如果当月花不完，剩余部分归孩子支配。而且孩子买什么，家长可以建议，但最终的决定权在孩子。

服装费协议书

甲方：家长

乙方：孩子

甲乙双方经协商，同意根据家中的经济状况，自今日起约定以下事项：

1. 服装费每季发放一次。

2. 甲方每季度第一个月5日，向乙方发放_____元的服装费。

3. 服装费的使用完全由乙方做主，无论乙方买什么，甲方可以给建议，但最终的决定权在乙方。

4. 为了不重复、不盲目购买，建议乙方买衣物时，看看自己的衣橱和鞋柜。

5. 当季花不完的服装费，为乙方支配，自动归入乙方自己的账户。

甲方（签字）：　　　　　　　　乙方（签字）：

　　　　　　　　　　　　　　　　年　月　日

通信费、玩具费的协议书都可以参考服装费的模式来制定。

契约执行中可能存在的问题如何克服？

执行中存在的最大问题是孩子的“乱买”，比如服装费，孩子可能很快花完了，买的衣服也不是他（她）自己喜欢的，或者类似的衣物买了很多。家长这个时候可能很揪心，这正是考验家长的时候，因为孩子也需要有成长的过程，大人也不是每件衣服都能买对。家长要做的就是，给予一定的指导或提醒，允许孩子在这个过程犯错误。孩子会逐步学会搭配衣服、了解时尚、货比三家、砍价，并越来越了解自己，形成自己的着装风格。

慢养孩子，静待花开。

契约制定和执行

契约制定

可以一次制定一个年度契约，将大部分事项包括进去，也可以在孩子不同的年龄阶段，就某个或某几个需要重点养成的习惯单独制定契约。

契约执行

契约制定以后是一成不变吗？

不是。契约制定以后，可以先试运行半个月到一个月，期间进行适当的调整，然后固定下来。

契约执行率是多少？

约 70%——幸福比完美更重要。

契约精神

契约的执行需要家长和孩子共同坚守，通过纸质契约的执行，家长和孩子之间逐步升华为信守承诺的品质，这就是契约精神！

通俗理解，契约精神是指存在于商品经济社会并由此派生的契约关系与内在原则，是一种自由、平等、守信的精神，它要求社会中的每个人都要受自己诺言的约束，信守约定。这既是古老的道德原则，也是现代法治精神的要求。

契约精神在家庭教育中的应用

教育子女最重要的宗旨是父母的言传身教：承诺了，一定做到。人生最终要的契约不是纸质的，而是存在于我们每个人心中。我们民族的契约精神：诚信、真诚、信任、信赖。

家庭教育中的契约精神具体体现

✼ 关于时间的契约精神——准时。

网上流传的“德国妈妈上岗手册”中有一个规则：晚一分或一秒都算迟到。德国妈妈这样教守时！我们中国也有很多这样的妈妈。

周虹老师这么多年，无论是上课、参加电台录制节目、还是朋友约吃饭，从来没有迟到过。老师一直提倡“有准备做事，做有准备的事”，每次上课出发前，她提前与助理沟通，研究路线。有一次下大雪，大家都觉得可以停课一次，但老师说照常上课。

助理：老师，大家都问今天是不是可以停课一次？

周虹老师：为什么要停课？如果你们遇到点困难都绕着走，你们的孩子怎么办？你们说起孩子的问题都是“常有理”，自己却可以随意改变计划！今天照常上课，你提前两个小时来接我。

老师依然提前到达。

正是老师的言传身教，她的女儿周汶瑾从小到大，按时作息，自己定闹钟，中午回家吃饭、弹钢琴、午睡、上课，生活、学习井然有序。她目前在国外读中学，虽然妈妈不在身边，她依然遵守时间的契约精神，上课、聚会、看电影等，从不迟到。

✼ 承诺必兑现，否则就别承诺。

作为母亲的周虹老师，对待孩子从来都是饭等孩儿，没有孩

儿等饭。她说这是家长兑现对孩子的承诺！

而孩子兑现的是自己的学习、人际关系良好。周汶瑾 14 岁出国读书，自主生活，自主学习，是她对妈妈的承诺。

了解周虹老师的人都知道，对老师说话要兑现，因为她认真。

学生：周虹老师，我想请你吃饭。

周虹老师：好的，什么时候呀？我这周没时间，下周可以。

这个学生本来是随口一说，被老师这样一问，反倒不好意思了，从此知道对周虹老师不能胡诌，话只要说出口，老师就信了。

所以，契约精神在生活中时时刻刻体现着，如果你在与人交往中时刻都遵守契约精神，你就是大家心中值得信赖的人，大家愿意和你交往、共事，愿意对你信任、托付，一切美好的事物都会随之而来。孩子如果成为这样的人，他（她）的一生将朝向成功、健康、幸福！

✲ 人前人后一个样。

古人曰：头上三尺有神明。

即使一个人在家，也不做在人前不做的事情，也要穿着得体，生活有序。

对别人的评论，也要人前人后一个样，不是人前说好听的，背后说三道四。

对人的态度，在外与回到家对爱人和孩子一个样，而不是在外和颜悦色，回到家“掉脸子”、发脾气。

家长人前人后一个样，没有很多面具，内心干净，简单纯粹，那么孩子也会学习家长这样的品质，孩子的人际关系会非常棒。

妈妈：老公，孩子的新班主任非常负责任，我们孩子真是幸运。

爸爸：确实是，史老师很不错。

孩子：爸爸、妈妈，我们都很喜欢史老师。

✲ 不说谎。

父母做错事的时候，能向孩子道歉，坦诚对待。

妈妈：宝贝，对不起，妈妈刚才不该对你吼，其实是因为妈妈回来时与人碰了一下，对方态度很差，影响了我的心情，我把情绪发给你了，原谅妈妈吧！

孩子：妈妈，你刚才把我吓住了。看在你认错态度比较好，我这次原谅你了，以后不要这样了，我可不是你的垃圾桶！

家长诚信，孩子也不会说谎，孩子考多少分，他（她）的状况怎样，都不会隐瞒父母，不会出现“世界都知道，家长是最后一个知道”的情况，而是无论孩子出现什么情况，家长是第一个知道的。

孩子：妈妈，今天我们班有一个男生偷偷给我传纸条，说他喜欢我。

妈妈：是吗？开始有追求者了。宝贝，你喜欢他吗？

孩子：我对他印象也很好，不过我不想现在谈朋友，也不想让他尴尬。妈妈，您帮我一起出出主意呗！

……

周虹老师的家教：说真话绝对不惩罚！在这样的环境中长大的孩子，阳光、自信，因为家长是孩子最坚强的靠山。

✲ 对自己的诚信，敢于说“不”和“要”。

尊重自己的内心，当违背自己内心或者生活中不好的事情发生时，敢于拒绝，要说“不”，先爱好自己，不虚耗自己的时间和精力。

学生：周虹老师，我侄子痴迷网络游戏，您说该怎么办呢？

周虹老师：他的父母为什么不来问？

学生：我来上课跟着您学习，想顺便问问。

周虹老师：这个问题我拒绝回答，以后大家在课堂上不要问自己小家庭以外的问题，上课时间我只负责解答学员的问题，如果你们都来问亲戚朋友的问题，我三天三夜也回答不完。你们自己的问题解决了，才能帮助别人解决，你们可以回去把学习的内容分享给他们。我只对学员负责。

当真正属于自己的权利或机会到来时，敢于去要，不能不好意思。

孩子如果天天见父母讲“不”和“要”，在孩子的人生中，也能坚决说不，理智气壮去要，让生命遵守着自己的方向走。

契约精神的本质是让我们回到生命本身，不忘初心，我们来这个世界是享受生命旅程的，我们的生命要朝向平安、健康、喜乐，而不是悲情、苦难、伤害，这是生命的主线。契约精神让我们信守对他人的承诺，信守对自己的承诺，圆满完成这趟生命之旅。

家庭契约管理书

甲方：____________（家长　签名）

乙方：____________（孩子　签名）

甲乙双方经过协商，为了打造健康家庭文化，达成如下条款：

固定全家交流时间：________________（小时/天）

固定父母陪孩子玩耍时间：______________（小时/天）

固定零花钱：平均________________（元/天）

固定家务活：______（由谁来做）______（周几/几号）______（小时）

固定使用电脑时间：平均________________（小时/天）

固定交友时间：________________（周几：上午/下午）

全家旅游计划：________________（年/月/日　计划几天）

______________________________（具体内容）

作业：____________________（作业完成质量及要求）

特长班：____________________（名称/时间段/达到目标）

服装费：____________________（元/月）

玩具费：____________________（元/月）